ちくま学芸文庫

アマルティア・セン講義

経済学と倫理学

アマルティア・セン
徳永澄憲 松本保美 青山治城 訳

筑摩書房

ON ETHICS AND ECONOMICS

by Amartya Sen

Japanese translation published by arrangement with John Wiley & Sons Ltd. through the English Agency (Japan) Ltd.

目次

アマルティア・セン講義　経済学と倫理学

序文

この小著は、現代経済学と道徳哲学の関係に関心をもつ経済学者、哲学者、政治学者にとって「宝箱」である。明瞭簡潔かつ刺激的に表されたアマルティア・セン教授の論考には、経済学および倫理学の関連分野における研究成果の端的な統合にとどまらないものがある。セン教授は真に新たな意味合いで、一般均衡経済学が道徳哲学の研究に、また道徳哲学と厚生経済学が主流派経済学に寄与するものを示し、また人は自己利益に基づいて行動するという仮説の誤用が、経済分析の質に及ぼした悪影響も明らかにしている。

セン教授は、経済学と倫理学の間に重大な乖離が生じ、それが現代経済理論の大きな欠陥の一つを生み出したことを論証している。そこでは、次の点が説得力豊かに論じられている。すなわち、現実の人間の行動は倫理学的思考に影響されるものであり、また人間の行動に影響を与えることが倫理学の中心面であるのだから、厚生経済学的思考が現実の行動に何らかの影響を及ぼすことも認めざるをえず、したがって近代経済学にも関連するものである、と。ところが、近代経済学が厚生経済学に影響を与えてきた一方で、厚生経済学は近代経済学にほとんど何の影響も与えてこなかった、とセン教授は指摘している。

そして経済学の二つの起源、すなわち倫理学にかかわる起源と工学的な起源は、ともに説得力をもつものであることが示されている。さらに、現代経済学の工学的アプローチがしばしば極めて大きな成果を生み出してきたことを、セン教授は強調する。工学的アプローチの広範な援用によって、社会的相互依存関係の本質に対する理解が深められ、現実上の問題も示されたということである。その証左の一つが「一般均衡理論」の確立であり、セン教授はそれが飢餓と飢饉という極めて重大な問題に適用できることを示している。

しかしながらセン教授の論考の土台は、人間の行動と判断を形成する倫理学的思考に、より明確かつ大きな注意を払うことで、経済学はさらに生産的になりうるとする見方にある。セン教授は、明確な倫理学的思考が、経済理論における行動の標準的仮定からの脱却をもたらすことを簡潔に分析している。この脱却は、個人であれ集団であれ、本質的な価値評価と手段的な価値評価から生じる。セン教授は、その脱却をもたらす様々な原因、現代における社会的行動が手段的役割をもつと信じる理由に私たちの目を向けさせる。そうした行動は個人の支配戦略に反するとしても、ある特定の集団的合理性の条件――人々の知識の欠如ゆえではなく――が現実の行動に影響を及ぼすことは少なくない。そしてセン教授は、倫理学により大きな関心を払って厚生経済学を豊かにする方法を論じている。すなわち、個人および集団の行動決定に厚生経済学を取り入れることによって、記述的経済学、予測、政策が改善されうること、そしてさらには、経済学との関係をより緊密にすることが倫理学の研究にとっても有益だということである。

当然のことながら、セン教授は現状の経済学に批判的であるが、提起された問題に倫理学が十分に取り組んできたとは考えていない。したがって問題は、単に倫理学の成果を経済学に組み入れることではない。実際にセン教授は、現在の経済学において用いられている様々なアプローチと手続きによって、倫理学的思考の分析の一部がさらに深められる可能性を示している（一〇四ページ参照）。セン教授は、権利と結果に関する諸論考と照らし合わせながら、権利が道具として有用な法的存在ではなく、本質的価値をもつものとみなされれば、研究はさらに大幅に充実すると指摘している。そしてさらに、権利と自由を適正に定式化すれば、相互依存関係を分析する一般の経済学において標準的に用いられている結果主義的推論を十分に生かすものであることも、体系的に論証している。

とりわけ独創的な議論の一つは、現代倫理学の豊かな成果の一部しか経済学に採り入れられていない一方で、自己利益に基づく行動という極めて狭隘《きょうあい》な経済学の仮説が、非常に重要な関係の分析を妨げてきたとする指摘である。主流派の経済学理論は、人間の行動の合理性を選択間の内部的整合性と自己利益の最大化としてとらえている。しかしセン教授が指摘しているように、人々が自己利益の最大化を図ろうとしていると考えることが現実の人間行動の説明として最もふさわしいとする見方も、またそれが最適な経済状況をもたらすのに必要な条件であるとする見方も、証拠を伴っていない。さらにセン教授は、日本のように、自己利益に基づく行動から規範に基づく行動——義務、忠誠、善意——への体制的移行が、個人と集団の経済効率の達成に極めて重要な役割を果たしている自由主義経済に言及する。またアダム・スミスの言説を正しく理解すれば、それが倫理学においても経済学においても、自己利益に基づく行動を狭く解釈する立場をとる人々の論拠とはならないことも示されている。

センが論証しているように、厚生経済学においても、極めて限定的な条件の枠組みの下で、自己利益のみによる行動が倫理的に正当化されうる状況は存在する。しかしこの理論の現実的重要性は非常に疑問である。ここでセン教授は、特に分析の土台としての「厚生主義」的概念の限界を見極めている。個人の優位性という面から達成と機会をとらえる「豊かな生の側面」と、より広い目的との関係からとらえる「行為主体性《エージェンシー》の側面」を区別することによって、分析は個人の豊かな生の追求を超えて深まる。さらにセン教授は、分配の正義という要素と、個人や集団のより広範な価値評価とを区別している。これが「多元性と評価」「共約可能性」「完全性と整合性」「不可能性定理」および、これらのもつ肯定的可能性や重要性に関する論考へとつながっていく。セン教授は、結果主義に関する最近の哲学的研究成果を経済学に適用することで、この思考法――相互依存関係や手段的な関係についての計算も含めて――が、本質的な価値づけだけでなく、道徳的評価の位置の相対性や行為主体的な感受性とも結びつきうることを示している。実際、現実的条件の下で、広範な結果主義的アプローチが、権利や自由などの根本的問題に対する規範的思考に繊細かつ強固な枠組みをもたらしうることが示されている。

セン教授は、経済理論の標準的な行動仮説——自己中心的行動の最も重要な構成要素をまとめ上げたもの——からの脱却が、個人あるいは集団の本質的価値づけと手段的価値づけの双方から生じることを論証している。これは、外部性や市場外の相互依存関係、政府の経済政策の信頼性欠如などの要因から生じる効率の失敗という経済の標準的な事例に対して、妥当性と適用可能性をもつものである。そしてセン教授は、自己利益に基づく行動からの脱却が経済分析に受け入れられるならば、こうした課題に取り組むにあたってインセンティブの問題が再定式化されなければならないだろう、と述べている。個人あるいは集団が最大化しようとしているものが何であるかは、適正な制御変数とみなされるもの、その個人や集団が適切な制御手段とみなすものによって変わるので、相対的な問題である、とセン教授は指摘する。ある社会規則が個人の目的として一般に求められるものとして受け入れられるとき、そこに真の曖昧さが表われる。そうした状況における相互関係は、手段として重要性をもつものと解釈せざるをえない。そう考えないと、個人の「真の目標」

は、その人の実際の目標よりもむしろ相互関係に従うことであるとは言いがたくなるからである。経済理論において規範と行動はより緊密に一体化すべきであるとするセン教授は、そのための体系的方法を示し、より明確で、代替的な厚生基準の分析への道筋を示している。

カリフォルニア大学バークレー校経済学部ならびに哲学部一同にとって、真に世界的な経済学者・哲学者のアマルティア・セン教授を、一九八六年のロイヤー講義にお迎えしたことは誇りである。本書は、その講義をもとにしている。読者諸氏も、セン教授の時機を得た貢献と、本書の出版に尽力したベイジル・ブラックウェル社のルネ・オリビエリ氏に我々同様の謝意を感じるものと信じてやまない。

ジョン・M・レティシュ

謝辞

本書は、一九八六年四月四〜六日にカリフォルニア大学バークレー校で行ったロイヤー講義の内容をまとめたものである。講義にお招きくださり、また最高のもてなしと知的刺激を与えてくれた同校経済学部、哲学部、政治学部に最大の謝意を表したい。

原稿をまとめるにあたっては、ジャック・レティシュ、マーサ・ヌスバウム、ディレク・パーフィット、バーナード・ウィリアムズの各氏とのディスカッションが大きな力となった。またアーマ・アデルマン、ジョージ・アカロフ、プラナブ・バードハン、ドナルド・デービッドソン、ジョン・ハーサニ、ジョスリン・キンチ、サミュエル・シェフラー、ベンジャミン・ワードの各氏のコメントと、三回にわたる講義の後の活発な討論からも得るところが多かった。そして末筆ながら、原稿の校閲とタイピングに素晴らしい仕事をしてくれたエマ・デールズとキャロライン・

ワイズのお二人にも感謝する。

アマルティア・セン

第一章

経済行動と道徳感情

詩作としての価値はともあれ、エドマンド・クレリヒュー・ベントリーは、風刺の利いた四行詩を数多く残した。その一篇で一人の経済学――かつては政治経済学と呼ばれていた――の泰斗について、次のように歌っている。

ジョン・スチュアート・ミル、天才の誉れあり
意志の強い力により
彼の生来無比の人の良さを抑え込み
そして、かく生まれしものは「政治経済学の原理」なり

ジョン・スチュアート・ミルが自らの穏和な人の良さを見事に抑え込んだことは明らかに祝福すべきだが、政治経済学が求めるとされていること、つまりダンテの言葉を借りるならば「ここに入る者、すべての人の良さを捨てよ！」となると、ど

れだけ祝福されてしかるべきかは必ずしも明らかでない。ことによると経済学者も、いささかの人の良さは認められていいのかもしれない――人間行動の動機を純粋かつ単純、冷徹なものととらえ、善意や道徳的感情といったものに乱されないとする経済モデルを掲げている経済学者であるならば。

経済学をこのようなものとしてとらえる見方は、極めて広い支持を得ている（現代経済学の発展の仕方を考えれば、これも理由のないことではない）のだが、人間行動の動機をこれほど狭くとらえて経済学が発展してきたという事実には、やはり極めて異常なものがある。異常であるという一つの理由は、経済学は現実の人間を取り扱う学問のはずだからである。

現実の人々が、「いかに生きるべきか」というソクラテス流の問い――バーナード・ウィリアムズ（1985）が論じたように、これは倫理学の中心にある問いである――による自省の影響をまったく受けずにいられるなどとは、およそ信じがたいことである。経済学が研究の対象とする人間は、本当にこの不朽の問いに影響されることなく、現代経済学が前提とする純粋かつ単純冷徹な人間行動の動機のみに終始できるのであろうか。

もう一つの驚くべき側面は、現代経済学が意識して「非倫理的」な性格の学問たろうとしてきたことと、多分に倫理学の支流として現代経済学がたどってきた歴史的進化との間に存在する齟齬《そご》である。「経済学の父」と呼ばれるアダム・スミスは、グラスゴー大学（よく知られているように、グラスゴーはかなり実利的な街ではあった）の道徳哲学の教授であったばかりでなく、経済学は長い間、倫理学から枝分かれした一部門のようにみなされていたのである。かなり最近まで、ケンブリッジ大学で経済学が「道徳科学優等卒業試験」の一部として教えられていたという事実は、経済学というものに対する伝統的な評価を物語る一例にほかならない。一九三〇年代にライオネル・ロビンズは『経済学の本質と意義』のなかで、「単に並べて置く以外に、いかなる形であっても、二つの学問（経済学と倫理学）を結びつけることは、論理的に可能ではないように思われる」と論じている。(1) ロビンズのこの立場は、今ではごく当然の見方となっているが、実際には当時の時流にまったく反する立場であった。

二つの起源

実際、経済学は大きく異なる二つの起源をもっていると言える。ともに政治学と関連をもつものだが、一方は「倫理学」に、他方は「工学」と言ってよいであろうものに関連し、互いにかなり異なっている。倫理学と結びついた伝統は、少なくともアリストテレスにまでさかのぼる。アリストテレスは『ニコマコス倫理学』の冒頭で、富への関心という点から経済学のテーマを人間の目的に結びつけている。彼は政治学を「最も高位のもの」とみなし、経済学を含む「他のすべての科学」を利用しなければならないと考えていたのである。政治学とは「われわれが何をすべきか、何を慎むべきかに関して法を作るものであるから、政治学の目的は、それが人間にとっての善になるよう、他の諸科学の目的を包含しなければならない」。経済学の研究は富の追求と直接に関係しているが、それよりも基本的な目標の評価や達成も内包するものであり、より深いレベルで他の学問と結びついている。「金儲けのための生活はもっぱら強迫的に営まれるものであり、富は明らかにわれわれが追い求める善ではない。なぜなら富はただ有用であるにすぎず、他の何かのために存在するものだからである」(2)。経済学が究極的に倫理学や政治学の研究と関連するものであるというこの見方は、『政治学』においてさらに発展させられている(3)。

そこには、経済学の研究を倫理学や政治哲学の研究から切り離そうとする考え方は皆無である。ここで特に注目すべきなのは、このアプローチには経済学の大きな基礎となる二つの核心的問題が存在することである。第一に、「人はいかに生きるべきか」という広義の倫理的問いにかかわる人間行動の動機の問題である。この関係を強調することは、人々が常に道徳的に行動すると考えることではないが、実際の人間行動において倫理的思慮がまったく無関係ではありえないことを認める、ということである。私はこれを「動機づけの倫理的な考え方」と呼ぶことにする。

第二の問題は、社会的成果の判断にかかわるものである。アリストテレスはこれを「個人にとっての善」の達成という目的に結びつけたが、同時に社会全体にとっての善の達成についても言及している。「この目的は一個人が達成するだけでも価値あることだが、国家やポリスが達成することはさらに素晴らしく神的なことである」(『ニコマコス倫理学』、*The Nicomachean Ethics*, Ross 1980)。この社会的成果についての倫理的な考え方をとれば、「効率性」を満たすようなある任意の点で評価が終わるということは起こりえない。さらに十分な倫理性とより広い「善」の観点から評価しなければならない。この点は現代経済学、とりわけ厚生経済学において再び重要となる。

経済学の二つの起源のうちの前者、すなわち倫理学および政治学の倫理的見方と結びついた伝統は、このように単純化できない経済学の課題を指し示している。ここで私は、現代経済学がこの課題をどれだけ果たしえたかを問わなければならない。しかしその前に、経済学のもう一つの起源——「工学的」アプローチにかかわるもの——に目を転じたい。このアプローチは、何が「人間にとっての善」を育むかとか「人はいかに生きるべきか」といった疑問や究極的な目的よりも、実証的な問題を主眼にするものである。その目的はかなり直接的なものとしてとらえられ、それを達成するための手段を見出すことが問題とされている。ここでは、人間の行動はシンプルで容易に特徴づけられる動機に基づくものとみなされる。

この「工学的」アプローチは、いくつかの異なる流れに端を発している。その一つは実際に工学的アプローチをとる経済学者たちによるもので、たとえば一九世紀のフランスの経済学者レオン・ワルラスは、経済関係とりわけ市場の機能にかかわる多くの技術的難題の解決に大きな貢献をした。この系統では、それ以前にも多くの経済学者が様々な貢献をしている。古くは一七世紀、まさしく数量分析の先駆者であるウィリアム・ペティーは、明らかに工学的な視点をもっていた。これは、ペティーが自然科学や機械工学に興味をもっていたことと無関係ではなかった。

「工学的」アプローチはまた、統治政策に関する手法の分析から発展した経済学ともつながっている。実際、「経済学」に類する言葉を冠した史上初の書物であることがほぼ確実なカウティリヤの『実利論』（Arthaśāstra サンスクリットから翻訳されたもので、「物質的繁栄に関する教え」といった意味）では、経済政策を含む統治政策に対する工学的アプローチが色濃く描かれている。紀元前四世紀にこの書を残したカウティリヤは、マウリヤ朝の開祖でアショーカ王の祖父であるインド皇帝チャンドラグプタの顧問であり、重臣であった。[4] 同書の第一章には、「知の四分野」が記されている。まず、(1)形而上学と、(2)「正と邪」に関する知、そしてより現実的な(3)「統治の術」と、(4)「富の術」に関する知である。

この書では「村づくり」、「土地の分類」、「徴税」、「取引の維持」、「関税の規定」

等から「外交の駆け引き」、「弱い国家の戦略」、「植民地化の取り決め」、「敵国内の勢力の動かし方」、「スパイの雇い方」、「軍人による横領の止め方」まで多岐にわたる実際的問題が取り上げられているが、常に焦点は「工学的」問題に絞られている。ここでは、人間行動の動機は、おおむねごく単純なものとしてとらえられている。この点は、人間の「善さ」に目を向けていない現代経済学の特徴に通じる。すなわち人間行動の分析において、深い意味での倫理的思考に大きな役割は認められていないのである。アリストテレスと同時代のものでありながら、経済学の源流にあるこの古代の書にはソクラテス的な問いもアリストテレス的な問いも登場してこないのだ。

経済学の本来的性格からして、倫理学につながる起源も工学につながる起源もそれぞれ一定の説得力をもっていることは、驚くべきことではない。私としては、倫理との関連で動機と社会的成果をとらえる見方は現代経済学の重要な一面を占めなければならないと考えているが、同時に工学的なアプローチが経済学に資する多くのものをもっていることも否定できない。現に偉大な経済学者たちの著作においても、比重こそ異なれ双方のアプローチを読み取ることができる。一部の学者は、明らかに倫理的問題をより重視している。たとえばアダム・スミス、ジョン・スチュアート・ミル（ベントリーがどう言おうとも）、カール・マルクス、フランシス・エッジワースなどの著作では、倫理的問題が大きな比重を占めている。それに比べてウィリアム・ペティー、フランソワ・ケネー、デービッド・リカード、オーガスティン・クールノー、レオン・ワルラスらは、経済学における工学的問題により大きな関心を向けていた。

もちろん、いずれか一方のアプローチしか採用していないということではなく、これは経済学に対する二つのアプローチのバランスの問題である。実際、アリストテレスからアダム・スミスまで、倫理学的アプローチをとりながらも、倫理的思考の範囲内で工学的問題にも深い関心を向けていた学者は多い。

近代経済学の発展とともに倫理的アプローチの重要性は大幅に低下した、と言っていいだろう。いわゆる「実証主義経済学」の方法論は、経済学における規範的分析を避けたばかりか、現実の人間行動に影響を与える多様で複雑な倫理的考察――そうした行動を研究する経済学者たちは、これを規範的判断よりも「事実」の問題としてとらえている――も無視する結果をもたらした。近代経済学の諸著作における比重の置かれ方に着目すれば、深い規範的分析が避けられていることと、現実の人間行動を性格づける倫理的考察の影響が看過されていることに気づくはずである。

成果と弱点

私のみるところ、経済学と倫理学との距離が広がったことで、現代経済学は大幅に力を失った(5)。そこで、経済学が失ったものと、それが突きつけている課題について分析したい。ただし誤解を避けるために、まず二つの点を明確にしておきたい。第一に、経済学における「工学的」アプローチが不毛であったと言うつもりはない。それが実りを生んだことも少なくなかったと私は信じている。工学的アプローチの広範な援用ゆえに経済学がより精緻に解明できるようになった問題は数多い。

こうした貢献は、倫理学的アプローチを無視しても可能なものだった。というのも、経済には注目すべき重要かつ実証的な問題が存在しており、それはある点まで効率性の問題として、倫理的解釈を伴わないごく狭い意味での人間の行動と動機のとらえ方で対処しうるものだからである。ごく一例として、市場関係を含む生産と交換に関する「一般均衡理論」の発展は、高度な技術的分析を必要とする重要な相互関係をはっきりと浮き彫りにした。

これらの理論は、社会制度を単純な形でとらえるだけでなく、人間というものをごく狭い意味でとらえている点においても抽象的である場合が少なくないが、社会的な相互依存関係の本質的理解を容易にしたことに疑問の余地はない。このような相互依存関係は、経済というもののより複雑な一面であり、こうした理論的分析による洞察は現実的な「パンとバター」の問題においても役立つものとなっている。

その証拠にたとえば、現代世界の飢餓と飢饉という悲劇的問題において、理論的分析はその因果関係を明らかにしてくれる。食料自体は手に入りやすくなっているのに飢餓が起こりうるという事実は、一般均衡理論が注目する相互依存関係のパターンを用いることで理解しやすくなる。とりわけ、飢饉は、しばしば食料供給とはほとんど無関係に起き、むしろ一般的な経済の相互依存関係を通じて関連しているので、経済のどこかですでに発生している原因があるということが明らかになっている（Sen 1981a 参照）。

ここでのポイントは、かなり抽象的な理論モデルが現実問題に関しても有用でありうるということだけでなく——この点はもはや明らかなはずである——、倫理的考察を避けるという人間行動の動機の妙に偏狭なとらえ方であっても、経済学における数多くの重要な社会的関係の本質を理解する上で役に立つということである。したがって私は、経済学に対する非倫理学的なアプローチが不毛であると言っているのではない。私が言いたいのは、人間の行動と判断を形成する倫理的な考察により大きな関心を払えば、経済学はさらに大きな実りを生むことができる、ということである。私の目的は、経済学のこれまでの成果、あるいはいま得られつつある成果を否定することではなく、さらなる成果を求めることである。

明確にしておきたい第二の点は、経済学と倫理学の乖離の結果として生じた損失の二面性についてである。私はここまで、動機と社会的成果に関する倫理学的視点の欠如によって経済学が失いがちだったものに的を絞ってきた。この点は本章および後章でも詳述するつもりだが、私は同時に、経済学において標準的に用いられている手法のなかには現代倫理学にも有用となるものがあり——特に「工学的」要素にかかわるもの——、経済学と倫理学との乖離が進んだことは倫理学にとっても不運であったという点を指摘したい。

実際、前述のアリストテレス的な問いは、経済学者が考えるべき重要なものであることは明らかだが、経済学の役割に関する問いが、主として倫理学と政治学に関する十分すぎるほど広範にわたる言説のなかでアリストテレスによって提起されていたことを見逃してはならない（『ニコマコス倫理学』）。経済学の問題は、「人はいかに生きるべきか」というソクラテスの問いも含めて、倫理学的問いにとって極めて重要となりうるのである。

経済学は、倫理学的問いの本質を理解する上で直接的な役割を果たしうるだけでなく、そこには方法論上のポイントもある。すなわち、相互依存の問題を解決するにあたって経済学で用いられるいくつかの洞察は、たとえ経済学的変数が用いられなかったとしても、複雑な倫理学的問題に対処する上で大きな重要性をもつということである。

近年では多くの道徳哲学者たちが、功利主義の主流学派では道具としての価値しか認められていない考察法の本質的重要性を――私の判断では正当に――重視している。しかし、この本質的重要性が受け入れられても、手段的および結果主義的分析の必要性は薄れない。なぜなら、本質的に重要な変数は同時に、本質的に重要な他のものに影響を及ぼすという手段的役割を果たしている可能性があるからだ。現実に、「工学的」アプローチによって導かれた経済学の論究が大きな前進を遂げてきたのは、複雑な相互依存の解明に関してなのである。この点で、経済学で多用される考え方から倫理学が得るべきものがある、ということだ。この問題については、結果主義の本質と重要性を取り上げる第三章で論じる機会があろう。

経済的行動と合理性

本章の残りでは、主として経済的行動と動機の問題に目を向けたい。「合理的行動」という仮定は、現代経済学で大きな役割を果たしている。人間は合理的に行動するものとみなされ、こういう仮定のもとで特徴づけられた合理的な行動が、現実の行動と究極的には異ならないものとしてとらえられている。

ここには、極めて本質的な問題がある。なぜなら、「媒介」として合理的行動の概念を導入することによって現実の行動を予測することが賢明かどうかが争われているからである。標準的な経済学における合理的行動の定義づけが正しいものとして受け入れられるとしても、現実にそのように行動するとみなすことは必ずしも妥当ではない。この考え方には多くの難点がある。特に私たちは誰でも間違いを犯すことがあるし、ときには実験的に行動したり混乱したりすることは、極めて明白だからである。この世界には現実のハムレット、マクベス、リア王、オセロがいる。教科書に出てくるのは、すべて冷徹で合理的なタイプであるが、この世にはもっと様々なタイプの人々がいるのである。

もちろん、現代経済学に対する批判の論拠を現実の行動と合理的行動の同一視に置くことは可能であり、実際にそうした批判は強力に展開されてきた(6)。現実の行動が合理的行動と同一であるという仮定を擁護するにあたって、それが誤りに通じる可能性はあっても、それに代わるものとして非合理性のある特定のタイプを仮定すれば、さらに大きな誤りが生じることになる、ということもできる。これは深い問いだが、ひとまず脇に置いて、本章の後で戻ることにする。

しかし次に進む前に、明らかにしておくべき二つの点がある。一つは、合理的行動という見方をとっても、他に取りうる行動パターンを認める可能性が存在し、そうであるとすれば、最終的な目的と制約条件が完全に明示されている場合でも、

「必要とされる」実際の行動を特定するためには、合理的行動の仮定だけでは不十分である、という点だ。

もう一つは、現実の行動と合理的行動を同一視することの問題（行動の合理性の定義はどうあれ）と、合理的行動の内容の問題とは区別されなければならない、という点である。この二つの問題は無関係ではないが、それでも互いにはっきり異なるものである。先述のように、標準的な経済学理論においては、この二つはしばしば相互補完的に用いられてきた。実際の行動の本質をとらえる上で、この二つは一つとされ、次の双子のプロセスで用いられてきた。すなわち、(1)実際の行動と合理的行動を同一とみなし、(2)合理的行動の本質を極めて狭義に特定する、ということである。

整合性としての合理性

標準的な経済学理論において、合理的行動はどのように特徴づけられるのか。主流の経済学理論における行動の合理性の定義には二つの大きなアプローチがある、と言って差し支えない。一つは合理性を選択間の内部的整合性とみなすアプローチであり、もう一つは合理性を自己利益の最大化と同一視するアプローチである。

まず最初のアプローチについてみると、整合性の要件はいくつかあるが、標準的には、現実の選択の集合を二項関係に基づく最大化の結果として説明できる――直接的にであれ間接的にであれ――ということと関連している。選択関数のなかのある定式化では、ごく限定されたタイプの二項関係だけが要求されるのに対して、リヒター（1971）の「合理化可能性」のように、選択関数が一つの二項関係によって全体を規定しているものもある。より強い定式化では、二項関係は完全に推移的であることが求められ、さらには、数値関数――個人が最大化するものとみなすことができる――によって示すことさえも求められる。(7)

ここでの目的は、内部的整合性に関する異なる要件の間の分析的な差異を論じたりすることではないし、ある明確な整合性の条件が実際にもっている一致の程度をみることではない。(8)しかしながら、そうした条件はどうあれ、様々な選択間の論理的整合性そのものが合理性の適切な条件になるとは信じがたい。仮にある個人が、自分が達成を望んでいることに役立つこととは正反対のことを、また完全な内部的整合性をもって行う場合（自分が望むことや価値を認めることとは正反対の結果につながることを常に選択する場合）、その強固な整合性が観察者に対して一種の賞賛を呼ぶことはあっても、その個人は合理的とはみなされないはずだ。

合理的選択は少なくとも、その人が達成しようとすることとその手段との間に、何らかの一致を伴うものでなければならない。[9] 合理的行動は、とりわけある整合性を要求するにちがいないと論じることはできる。ただしこの問題は、一般に言われているよりもはるかに複雑である（第三章で取り上げる）。しかし、整合性そのものが合理的行動にとって適切な条件というわけではない。

私は別の機会に、純粋に内部的な整合性という概念そのものも説得力が不十分であることを論じようとした。[10] なぜなら、ある選択の集合において私たちが整合的とみなすものは、そうした選択の解釈とそれらの選択に対する外部的な特徴（選好、目標、価値、動機など）に依存せざるをえないからである。この「極端」な見方が受け入れられるか否かはともかく——私は正しいと信じているが——、内部的整合性——どう定義しようとも——だけで個人の合理性を保証するに十分でありうると考えることは、明らかに不可思議である。

ここで付記しておきたいのは、一部の論文においては、用いられた言葉の魅力的な作用が、合理性を整合性としてとらえる見方がもつ信じがたさを明らかに和らげてきたということである。選択がこの種の整合性をもっている場合、選択の根底にある二項関係はしばしばその個人の「効用関数」と表現されてきた。言うまでもなく、このような個人はその「効用関数」を最大化するものとみなされる。しかし、これは私たちにとって既知のこと以上の何ものでもなく、特にその個人が何を最大化しようとしているのかについては何も語っていない。二項関係を思いおこせばわかるように、個人の「効用関数」は、その個人が実際に最大化しようとする、独立に定義された意味（幸福とか欲望の充足）における個人の効用であるとは限らないのである。

自己利益と合理的行動

では次に、合理性に対する第二のアプローチ、すなわち自己利益の最大化に移ろう。これは、個人が行う選択とその個人の自己利益との間にある外部的一致性を要求することに基づくものである。このアプローチは確かに、合理性の内部的整合性に対する批判の対象外にある。歴史的系譜をたどれば、自己利益から合理性をとらえる見方には長い歴史があり、数世紀にわたって主流派経済学理論の大きな柱の一つとなってきた。

この合理性に対するアプローチの問題点は、別のところにある。他のすべてを排除して、自分自身の自己利益を追求することがいったいなぜ一意的に合理的となるのであろうか。自己利益の最大化は非合理的ではない、少なくとも非合理的であるとは限らないとすることはもちろん少しもばかげた主張ではないだろうが、自己利益の最大化以外はすべて非合理的に違いないという見方がどうみても異常に見えると論じることも、少しもばかげた主張ではないだろう。

自己利益から合理性をとらえる見方は、とりわけ動機づけについての倫理的な考え方を強く排除することになる。自分が達成したいことを達成するために最善を尽くすことは合理性の一端であるし、そこには私たちが価値を置き、めざそうとする非自己利益的な目標の達成も含まれるだろう。自己利益の最大化から離れることをすべて非合理性の証拠とみなすことは、現実の意思決定における倫理の役割を排除することを意味せざるをえない（「倫理的エゴイズム」として知られる特異な道徳観などの変種は別にして）[11]。

合理性を「媒介」とする概念を用いた方法論は、現実の行動は自己利益の最大化によって決められるとする考え方に及んでとりわけ不適切なものとなる。人々は常に実際に自己利益を最大化しているとすることは、合理性が常に自己利益の最大化を求めるとすることほどばかげたことではないかもしれない。現実としての普遍的な利己性が誤りである可能性は高いが、普遍的な利己性を合理性の要件とすることは明らかにばかげている。

経済理論において、自己利益最大化と合理性を同じものとみなし、さらに実際の行動と合理的行動を同一視するという込み入った手続きは、その究極的な目的が、経済学において実際の行動を明確に記述するに当たり、自己利益の最大化にとって納得できるケースを用意するなら、まったく非生産的にみえる。経済理論における標準的行動の仮定（つまり実際の自己利益最大化）を擁護するために合理性の概念を用いようとすることは、脚の遅いロバに乗って騎兵隊を率い突撃するようなものである。

合理性についてはひとまずおくとして、実際の行動の決定要因として自己利益最大化を仮定することは、どれほど妥当なのだろうか。自分自身の利益を追求するいわゆる「経済人」は、少なくとも経済的な事柄において、人間の行動を最もよく表現しているのだろうか。ところが、これこそが経済学におけるごく当たり前の仮定であり、多くの人々に支持されている。[12] たとえば、「経済学か倫理学か」と題するタナー講義において、ジョージ・スティグラー（1981）は、「私たちは、妥当な量の知識をもつ人々が自己利益を求めて知的に行動する世界の中に生きている」と明確な擁護論を述べている。

しかしスティグラーの論拠は、主として彼自身の予測に限られているようである。彼は、次のように言っている。

自己利益と、言葉として広く重みをもつ倫理的価値観が相反する状況において、行動の組織的かつ包括的な実証結果を予測するなら、多くの場合——むしろ実際には大半の場合——自己利益理論（私はスミスの考えをこう解釈している）が勝つであろう。[13]

スティグラーはこの予測の根拠を示しておらず、ただこう述べている――「この結果は広範な経済現象だけでなく、結婚、子育て、犯罪、宗教、その他の社会的行動に関する経済学者たちの調査においても主流を占めるものである」(Stigler 1981, p. 176)。しかし現実には、経済関係においても、結婚関係や宗教的行動においても、一部の学者による興味深い分析的知見はあるものの、経験的検証はほとんどない。(14) 確信に基づく主張はいたって多いが、それに比べて事実としての解明はごく少ない。自己利益理論が「勝つであろう」という主張は通常、実証的な証明よりも何らかの特別な理論化に基づくものなのである。

自己利益理論は、期待される結果――効率的な結果につながるはずだという――を論拠にしている観のある場合も少なくない。また効率を生み出す一部の自由市場経済――たとえば日本――の成功は、自己利益理論を証明する証拠として挙げられてきた。しかし自由市場の成功は、経済的行動の背後にある「動機」については何も語っていないのだ。現に日本の場合、自己利益に基づく行動から義務や忠誠心や善意を重んじる方向への体制的移行が工業化の過程で大きな役割を果たしたことを明らかに示す実証的証拠がある。[15] 森嶋通夫(1982)が「日本人のエートス」と呼んだものは、自己利益に基づく行動という単純な図式には収まりにくいものである(スティグラーが言及している間接的影響を勘案したとしても)。現に私たちは、自己利益理論に代わる経済行動に関する様々な学説を目にしはじめている。異なる価値観から成るシステムをもつ国々の比較研究から、産業の成功をとらえようとするものである(その興味深い一例が、ロナルド・ドーア[1984]の『資本主義の成功をもたらした儒教倫理』である)。[16]

説明するまでもないかもしれないが、人々は常に自己利益だけで行動するのではないことと、人々は常に利他的に行動することとは同じではない、という点をまず確認しておく必要がある。多くの決定において自己利益が非常に大きな役割を果たさないとしたら異常であり、現実に自己利益が私たちの決定において大きな役割を果たさないならば、正常な経済取引は成り立たなくなる(この点に関しては、Sen 1983b 参照)。真の問題は、複数の動機が存在するのか否か、すなわち自己利益だけが人間を動かしているのか否かである。

明らかにしておくべき第二の点は、対比の構図は必ずしも自己利益とある種の全体的配慮ではない、という事実である。「エゴイズム」と「功利主義」という伝統的な二分法（Sidgwick 1874, Edgeworth 1881 参照）は、いくつかの点で誤解を招くものだ。一例を挙げれば、階層やコミュニティ、職業グループなどの集団は、個人と全体との間に介在し、コミットメントによる行動を含む多くの行動の核をもたらす。各集団内の個人の利益は、ある部分では一致し、ある部分では対立する。集団に対する忠誠心に基づく行動は、ある場合には純粋に個人的な利益が犠牲になるだろうが、別の面では個人的利益がより一層達成されることもありうる。両者の相対的比重はさまざまだろう。たとえば、集団内の圧力グループが一致団結して、その集団の成員すべての利益の達成に資する主張を行う場合、たとえ多くの主張者のなかに、集団的「目標」のために自分の利益を犠牲にすることをいとわない者がいたとしても、利害が一致する原則のほうが勝るだろう。[17] 他の関係、たとえば家族の義務関係においては、犠牲の程度が実際にかなり大きくなる場合が多いだろう。[18] 利己的行動と無私的行動の混在は、集団に対する忠誠心の重要な特徴の一つであり、この混在は、血縁関係やコミュニティから労働組合、経済的圧力集団まで、多様な集団関係に広くみることができる。[19]

自己利益に基づく行動の問題において、二つの異なる問題を区別することが重要である。第一に、人々は実際に自己利益だけに基づいて行動するのか否か、という疑問がある。そして第二に、人々が自己利益だけに基づいて行動するのだとしても、彼らは特定の成功、たとえば何らかの種類の効率を達成するのであろうか[20]、という疑問がある。これらの二つの命題は、ともにアダム・スミスによるものとされてきた。[21] しかしながら、自己利益に基づく行動の遍在性と効率に対する「スミス流」の見方が常に引き合いに出されてきたこととは裏腹に、実際には彼が信じていたという証拠はどちらもほとんどないのである。この点は、スミスが経済学の起源の中心的人物であるということと、彼のこの問題の扱い方が啓発的かつ有用であるという二つの理由から、論じる価値をもつものである。

アダム・スミスと自己利益

ジョージ・スティグラーは、『国家という船でのスミスの航海』という愉快なエッセイの冒頭で、「共通の慎慮という原理が常に個人の振る舞いを支配するわけではないが、それは常に各階層内の多数の行動に影響を与えるものである」というスミスの言葉を、「自己利益が大多数の人間を支配する」という意味に解釈している。[22]実際には、「慎慮」と「自己利益」を同一視することは正確ではない。スミスが『道徳感情論』で説いているように、慎慮の徳とは「理性と理解」と「自制」という二つの資質が「統合」されたものである（Smith 1790, p. 189）。スミスがストア哲学から引用した「自制」の概念は、いかなる意味においても「自己利益」――スミスの言葉で言えば「自己愛」――と同一ではない。[23]

スミスの「道徳感情」の考え方の根底にストア哲学があることはまた、「善き行動」についてのスミスの考え方において、共感と自制が大きな存在を占めている理由も明らかにしてくれる。[24]スミス自身の言葉を引用すれば、「ストア派によれば、人間は自分自身を切り離された存在ではなく世界の一市民として、自然という広大な共同体の一員としてみなすべき」であり、「この大いなる共同体のために、いつのときも自らの小さな利益を犠牲にすることを少しもいとわぬべき」なのである（Smith 1790, p. 140, 邦訳二〇五ページ）。慎慮は自己利益の最大化よりもはるかに広い概念であるが、それをスミスは一般に「すべての徳のなかで、個人にとって最も助けになるもの」としてのみとらえ、「人間性、正義、寛大さ、公の精神は他人に対する最も役立つ資質である」としている（Smith 1790, p. 189, 邦訳二九〇ページ）。

自己利益とその達成に関して、いわゆる「スミス派」の立場をとる多くの経済学者の著作において、スミスが「慎慮」（自制を含む）に加えて「共感」を重視している点がなぜ見落とされる傾向にあるのか、この点に目を向けると見えてくることがある。スミスが——実際には誰もがそうであるように——、私たちの行動の多くが自己利益によって導かれ、それが実際によい結果を招く、とみていたことは確かである。スミス派によって繰り返し引用されてきたのが、次の一節だ。

われわれが食事を期待するのは、肉屋や酒屋やパン屋の慈悲心からではなく、彼ら自身の利害関心からである。われわれが呼びかけるのは、彼らの人類愛にたいしてではなく、自愛心にたいしてであり、われわれが彼らに語るのは、われわれ自身の必要についてではなく、彼らの利益についてである（Smith 1776, pp. 26-7, 邦訳三九ページ）。

多くのスミス信奉者は、この肉屋と酒屋のくだりのさらに奥までは踏み込んでいないようだが、この一節を読むだけでも、スミスがここで言わんとしているのは、市場での通常の取引はなぜ、どのように行われるのか、労働の分業はなぜ、どのように行われるのか（これが引用文のある章のテーマである）を説明することだということがわかる。しかし、双方に有利な取引がきわめて一般的であることを示しているからといって、スミスが「自己愛」（つまり広義に「慎慮」と解釈できる）だけで良き社会ができると考えていたことにはならない。実際、スミスが言っていることは正反対で、経済的豊かさの実現をただ一つの動機に頼ることはしなかったのである。

現にスミスは、徳を慎慮のみによってとらえようとしたエピクロス派を非難し、さらにすべてをある一つの徳にまとめようとする「哲学者たち」にも次のように矛先を向けている。

エピクロスは、さまざまな徳性のすべてをもまた、このひとつの種類の適宜性にまとめることによって、すべての人にとって自然であるがとくに哲学者たちが特別の愛好をもって涵養しがちな、ひとつの性向を、かれらの才能を示すための大きな手段として、溺愛したのであった。それはあらゆる現象を、できるかぎり少数の原理によって説明しようとする性向である（Smith 1790, p. 299, 邦訳三七二ページ）。

皮肉なことに、この「特別の愛好」は、後に度を越したスミス信奉者たち――スミスを自己利益の「教祖」とした（彼の言ったこととは反対なのだが）――によって、彼の特徴とされることになった[25]。

「自己愛」に対するスミスの態度には、エッジワースに共通する点がある。エッジワースは「経済的計算」を倫理的評価の対極にあるものとみなし、とりわけ二つの行為、すなわち「戦争と契約」に通じるものと考えた[26]。この「契約」は、むろんスミスの「取引」に酷似している。なぜなら、取引は双方に有利な契約（明示的であれ暗黙的であれ）に基づいてなされるからである。しかし、経済の内外には単純な自己利益の追求だけでは説明しきれない多くの活動があり、スミスはいずれの著作においても自己利益の追求を他よりも上に位置するものとはしなかった。自己利益に基づく行動については、特定の文脈――特に取引を困難にして生産を阻害する様々な官僚的障壁や他の制約――において擁護されているだけである。(27)

スミスの経済分析が広く誤解されて重大な影響をもたらしている分野の一つは、飢饉と飢餓に関してである。この問題は、利潤動機とは間接的にしか関係していない。スミスは、こう指摘している――飢餓の元凶として商人たちがしばしば挙げられるが、実際には彼らが飢餓を引き起こすことはなく、飢餓は通常「真の欠乏」から生じるのだ（Smith 1776）。スミスは、取引を抑え込んだり制限することには反対だった。しかしこれは、彼が貧困層への公的支援に反対していたことを意味するのではない。スミスはマルサスと異なり、救貧法に反対してはいなかった。ただ、その制限的な規定が貧困層に及ぼす苛酷さと逆効果を批判したにすぎない。

さらにスミスは『国富論』において、食料生産高の低下による「真の欠乏」とは無関係の、市場メカニズムを伴う経済プロセスから飢饉が生じる可能性について論じている。(28)

しかし労働の維持にあてられる基金が目だって減少しつつある国では、事情はちがっているだろう。毎年、使用人や労働者にたいする需要は、さまざまな種類の職業のすべてにおいて、前年よりも少ないだろう。上流階級で育った多くの人たちは、自分たち自身の業務では雇用を見つけることができないため、最下層の業務の雇用をさがすことで満足するだろう。最下層の業務も最下層出身の職人たちだけでなく、他のすべての階級からあふれてきた職人たちで供給過剰となっているため、雇用を求める競争は激しく、労働の賃金を労働者のもっともみじめで乏しい生計の水準まで引き下げるだろう。多くの人びとはこうしたきびしい条件でさえ雇用を見つけることができず、飢えるか、あるいは乞食をするなり極悪非道をおかすなりして、生計を求めることになるであろう。困窮、飢餓、死亡がただちにその階級にひろがり、またそこから上流階級のすべてにまで及ぶ（Smith 1776, pp. 90-1, 邦訳一三一ページ）。

この分析では、人々は自らがほとんど手出しできないプロセスを通じて、飢餓と飢饉に引きずり込まれる。スミスはしばしば、アイルランドやインド、中国といった様々な国々における飢饉への不介入を正当化する根拠として帝国政府の当局者たちから引き合いに出されることになった。しかし、公共政策に対するスミスの倫理的アプローチが、貧困層の権原（エンタイトルメント）を擁護するための介入を否定するものであったことを示すものは何ひとつない。スミスは確かに取引を抑制することには反対しただろうが、失業と低賃金を飢饉の原因とする見方に対しては種々の公共政策による対応の必要性を示唆している。(29)

動機と市場に対するスミスの複雑な見解が誤って解釈され、また感情と行動に関する倫理的分析が看過されたことは、現代経済学の発展とともに生じた倫理学と経済学の乖離と呼応している。実際のところスミスは、お互いに有利な取引の本質と分業の価値の分析において先駆的貢献をなした。スミスの指摘は、人としての善さと倫理を排除した人間の行動とまったく矛盾しないものであるため、スミスの著作におけるこれらの部分は、ありとあらゆるところで言及・引用されることになった。その一方で、経済と社会に関するスミスの著作の他の部分、すなわち困窮に関する考察、共感の必要性、人間行動における倫理的思考の役割、そしてとりわけ行動規範の用いられ方に関する部分は、テーマ自体が経済学の流れのなかで廃れていったため、相対的に看過される結果になった。

自己利益に基づく行動を信奉・支持する人々がアダム・スミスに見出そうとした根拠は、実際にはスミスの著作を幅広く偏見のない目で読めば見出しがたいものである。道徳哲学の教授にして経済学の先駆者であったスミスは、決して分裂的な生涯を送ったのではない。事実はと言えば、現代経済学においてスミス流の幅広い人間観を狭めてしまったことこそ、現在の経済理論の大きな欠陥の一つにほかならないとみることができるのである。この退潮は、経済学の倫理学からの乖離と密接に関係している。この問題については、第三章で取り上げる。

この乖離のもう一つの重大な影響は、厚生経済学そのものの影響力と妥当性を弱めていることである。これが第二章のテーマである。

第二章

経済的判断と道徳哲学

現代経済学に占める厚生経済学の地位はかなり危うい。昔の政治経済学では、厚生経済学と他の経済学の間に明確な境目はなかった。しかし、倫理的な視点が経済学に持ち込まれることに対する疑問が高まるにつれ、厚生経済学は次第に疑わしく思われてきた。こうして、厚生経済学は経済学の他の分野から切り離され、勝手に作られた狭い箱のなかに押し込められてしまった。人間の実際の行動は、倫理的な考えや厚生経済学的判断の影響は全然受けず、自己利益だけに依存すると考える経済学の伝統のなかで、外との繋がりにおいて、基本的に、予測的経済学は厚生経済学に影響を及ぼすが、その逆はないという、一方通行的関係ができあがった。たとえば、賃金誘因に対する労働者の反応をめぐる解釈は、賃金政策や最適課税といった厚生経済学における分析には取り込まれるが、厚生経済学的な考えが労働者の行動や動機に影響を与えることはない、といった具合である。厚生経済学は経済学のいわば「ブラック・ホール」である。そのなかには多くのものが入っていくが、出てくるものは何もない。

効用の個人間比較

現代厚生経済学の典型的な主張は、自己利益最大化行動と、効用に基づく基準で測った社会的成果の双方から引き出される。実際、伝統的な厚生経済学は、創り出された効用の総和の大きさで成功を測るという、単純な功利主義的基準を用いており、それ以外に本質的価値をもつものは一切認めない。この態度は、倫理学的分析が進むにつれ、極めて短絡的かつ狭隘であることが明らかになるが、一九三〇年代、ライオネル・ロビンズ（1935, 1938）らが、効用の個人間比較を攻撃したことで、厚生経済学の主張はさらに説得力を失った。

理由は明らかでないが、当時、効用の個人間比較はそれ自体「規範的」・「倫理的」だとみなされた[1]。もちろん、効用の個人間比較は無意味で[2]、効用の総和には全然意味がないと論じることも可能だ。これは、私には擁護しがたい立場だが、理解はできる。しかし、この立場を認めると、個人Aが個人Bより幸福であるといった言い方は無意味だし、倫理的にもばかげている。「無意味」だとか「ばかげて」いると疑われる表現をすぐに「倫理的」だと感じてしまう経済学者の感覚は、倫理学に対する彼らの見方を反映していると私は思う。論理実証主義者が擁護する「意味」に対する奇妙に狭い見解は――哲学に混迷をもたらすだろうが――、それが、経済学者が自ら引き起こした経済学内部の論争に持ち込まれたことで、厚生経済学全体が混乱に陥ってしまった。いかなる倫理的主張も無意味であるという誤りを犯してきた実証主義哲学者でさえ、すべての無意味な主張が倫理的であるとは言っていない！

パレート最適と経済的効率

ともあれ、反倫理主義の浸透で、厚生経済学では効用の個人間比較が放棄されてしまったので、残った基準はパレート最適だけになってしまった。パレート最適とは、他人の効用を減らさずには誰の効用をも増やせない社会状態をいう。その実現は極めて難しいから、この基準が実際にどの程度有効か判断できない。極貧に喘ぐ悲惨な人と贅沢三昧に浸っている人がともに暮らしている社会でも、金持ちの贅沢を制限しない限り惨めな人がその生活を向上させられないときは、パレート最適が達成されている状態でありうる。(3) パレート最適は、「シーザーの魂のように」、「灼熱の地獄で熱く焼けただれている」こともありうるのだ。

パレート最適はしばしば「経済的効率」とも言われる。これは、パレート最適が、分配問題の分析にあたって、効用の量を無視し、もっぱら、その効率面だけに注目しているという点では当たっている。しかし、ちょっと考えると、この見方は変だ。なぜなら、分配問題の分析においては、最初から最後まで、功利主義の伝統にのっとり、ずっと効用に焦点を合わせているからである。もちろん、個人の成功、ひいては社会の成功を別の考えに基づいて判断することもできる(たとえば、Rawls 1971, 1980, 1982)。パレート最適は、効用に基づく計算だけで効率を見ているのである。後でこの問題に戻るとして、いましばらくは厚生経済学の領域を制限している点についてもう少し話を続けよう。(4)

パレート最適を唯一の判断基準とし、自己利益最大化行動を経済的選択の唯一の基礎とする厚生経済学は、小さな箱のなかに押し込められたも同然だから、もはや大したことを言える余地などほとんどなくなってしまった。(5) この狭い領域で言える重要な主張といえば、パレート最適と完全競争下での市場均衡の関係を示す「厚生経済学の基本定理」だけである。厚生経済学の基本定理の特定の条件（特に、「外部性」のないこと、つまり、市場とその外部との間に相互依存関係がない状況）の下では、すべての完全競争的均衡はパレート最適であり、さらに、他のいくつかの条件（とりわけ、大規模経済が存在しないこと）が満たされれば、すべてのパレート最適な社会状態は、同時に、価格のある組み合せに関して（また、分析の出発点における人々の資産配分に対して）完全競争的均衡でもある。(6) この結論は、驚くほどエレガントで、自己利益の追求と関連する取引、生産、消費の間での互いに意味のある性質を説明しており、ここから価格メカニズムの機能の性質に関するいくつかの深い洞察が導かれる。この結果をもとに、市場メカニズムにおける経済的関係が探求され、分析されてきた。

しかし、この厚生経済学的分析で得られた結果が示す倫理的な意味内容は、その一般的な重要性にもかかわらず、かなりささやかなものである。パレート最適は社会的成果に対する極めて限定された評価方法だから、その成果のなかで、明確に定義された条件に従い、完全競争均衡がパレート最適でなければならないことを要求する部分は、この評価方法の限定の程度に比例して制限される。逆の主張、すなわち、すべてのパレート最適な社会状態は、分析の出発点での資産配分に対して完全競争均衡的であるという主張の方がもっと魅力的である。というのは、多くの経済研究者にとって、最良の状態は少なくともパレート最適でなければならず、それゆえ、その状態もまた競争メカニズムを通して達成可能でなければならない、と想定するのは当然だと考えられたからである。分配基準によってパレート原理を補完する様々な手続きが検討されてきている（たとえば、Fisher 1956, Little 1957, Fisher and Rothenberg 1961, Kolm 1969, Phelps 1973, 1977, Meade 1976, Sen 1976b, 1979c, Hammond 1978, Ng 1979, Roberts 1980b, Atkinson and Bourguignon 1982, Osmani 1982, Atkinson 1983, Jorgenson and Slesnick 1984a, 1984b, Yaari and Bar-Hillel 1984, Maasoumi 1986）。[7]

しかし、この成果を人々の行動に適用する際に生じる一つの問題は、[8]分析の出発点での資産配分を計算するのに必要な情報があまりにも厳密で収集が難しいだろうという点である。加えて、人は自分の個人情報を求められても自ら進んで明らかにしようとは思わないだろう。競争市場メカニズム自体は、（分析の出発点での配分が与えられるので）実際に行動する個人の決定に応じて情報の経済を保証するが、多くの人々にとってその意思決定に必要な分析の出発点での所有権に関する情報は、どんなに簡単なメカニズムを用いても容易には得られない(9)。

全員が自己利益最大化行動をとる限り、出発点での資産が与えられさえすれば、市場メカニズムは各人が適切な選択を行うのに好都合な場となるが、いくつかのパレート最適のなかから自分にとって最適なものを選択しなければならない。しかし、多くのパレート最適な状態のなかからどれかを選び、かつ、そのときに決まる分析の出発点での適当な資産配分を確定するのに必要な情報を明らかにする誘因を人々に与えるメカニズムなど存在しない。また、資源配分が分権化されている通常のメカニズムも、必要な裏付け情報を得るためには役に立たない。なぜなら、通常のメカニズムが、様々な関係者の「チームワーク」によって機能するのに対して、資産配分の決定は、人々の間の対立を含んでいるからである。したがって、人々の実際の行動に関し、先に挙げた「基本定理」の後半部の有効性はかなり限定される。

さらに、必要な情報が利用できたとしても、「基本定理」の後半部は、社会の最適性を測るいかなる方法も、人々の間での資源の再配分が政治的に可能な場合にしか用いることができないだろうという問題がある。もし一括払いによる移転の必要性がはっきりし、かつ、経済的に実行可能だとしても、このような基本的問題が所有権の大幅な変更を伴うときには、政治的実行可能性が極めて重大になることは自明である。仮に、「基本定理」の後半部を、市場メカニズムを擁護するかなり保守的な人々が実行するにしても、市場で何らかの決定がなされる前に生産手段の所有権が移転してしまうから、その結果は、現実には、「革命家のための手引き」の一部として利用されるだけである。もし所有権の大幅な再分配が不可能なら、「基本定理」ではカバーできない何らかの複合メカニズムが社会全体の最適化のために必要となるだろう。

効用、パレート最適、厚生主義

「基本定理」の重要性について明らかにしなければならない点がもう一つある。社会全体としての最適性が、とりわけパレート最適でなければならないとする考えは、ある変化がすべての人にとって有利なら、それは社会にとってもよい変化に違いないという考えに基づく。この考えはある意味で正しいが、その有利さを効用で測るというのはいたって曖昧である。もし逆に、その有利さが効用以外で説明されるなら、パレート最適は——個人の効用を基礎に定義されているので——社会全体の最適性にとって、十分条件としてだけでなく、必要条件としての地位も失うことになろう。

厚生経済学に占めるパレート最適の絶大な地位は、既に論じたように、（効用の個人間比較可能性に疑問が呈せられる前の）伝統的な厚生経済学における功利主義の神聖な地位と密接に結びついている。したがって、たとえ効用の個人間比較が破棄されても、効用は唯一の本源的価値であり続け、当然、パレート最適も社会的判断基準として生き残るだろう。なぜなら、パレート最適は人々の効用を全く比較しなくても、功利主義の論理を最大限にまで発展させられるからである。実際、功利主義の基準は、個人間比較を完全に排除した効用を用いても明瞭な社会的順位からなる部分順序（半順序）を生み、かつその部分順序は、パレート基準によって達成される社会的順位そのものと偶然にも全く同じになることを簡単に示すことができる。(10)

道徳原理としての功利主義は、以下の、より基本的な三つの要求の組み合せとみなせる。

1 「**厚生主義**」 これは、ある状態の良さが、その状態の効用だけに依存する関数であることを要求する。

2 「**総和の順位**」 これは、どのような状態に関する効用の情報も、その状態におけるすべての効用の総和だけで評価されることを要求する。

3 「**結果主義**」 これは、行動、制度、動機、規則など何であろうと、それらにおけるいかなる選択も、結局は結果の状態の良さによって決定されることを要求する。

パレート基準はそれ自身、すべての状態に関して、効用で測った個人の順位が全員同じなら、個々の状態の順位は社会全体としての順位と同じでなければならないという、厚生主義の典型的な特徴を備えている。(11) 事実、パレート基準は、実際の政策へ適用した場合、厚生主義をはるかに超え、結果主義をも包み込んでしまう。行動や制度などすべてパレート最適を満足するように選択され、その結果、結果主義が暗に、だが確実に要求されるからである。

ここで、パレート最適の状態に対する疑問はしばらくそのままにしておいて、厚生主義を受け入れることが可能かどうかに関し、一般的問題をいくつか取り上げてみる。(12) 厚生主義とは、諸々の状態の倫理的計算と評価にとって本源的価値をもつのは個人の効用だけであるという見解である。(13)

豊かな生と行為主体性《エージェンシー》

厚生主義、とりわけ効用を価値の唯一の源泉とすること、に対する二つの批判を峻別する必要があるだろう。第一に、効用は人の豊かな生を反映しているとみていいが、(たとえ社会の成功がその構成要素である個人の成功だけですべて判断されるとしても) 人の成功はその人の豊かな生だけでは判断できないだろう。一個人にとって重要な特定の原因や事柄の進展が、たとえその人の豊かな生の向上に反映されなくても、その人はこれらの原因や事柄の発生と進展に意義を見出すだろう。第二に、豊かな生という個人的な問題はその効用をみれば最もよく理解されるという見解に対しては意見が分かれるだろう。まず、最初の点を論じよう。

私は以前、倫理的な計算からみた人間の概念には本質的で単純化できない「二面性」があると論じた（Sen 1985a）。我々は、目標、コミットメント、価値等を形成する人間の能力を認め、尊重しているので、行為主体性の面から人をみることができるが、豊かな生の面からもみることができ、これもまた重要なことである。このような複眼的見方は、人の行為は豊かな生に全面的に連動させなければならないとする利己的動機だけに基づくモデルを消滅させる。しかし、一度その利己的動機という拘束がなくなれば、人の行為はその人自身の豊かな生だけでは——少なくとも十分には——説明できないという考えと容易に結びつくという当たり前の事実が分かるようになる。

評価と価値

人が評価し達成したいと願うものはどんなことであっても、その人が価値があるとみなすから価値があるに違いないだろう。だから、個人の行為主体性を重視することが倫理学上「主観論者」の見解に等しいかどうか問われるかもしれない。しかし、実際には、行為主体性の重要性を認めたからといって、客観性に関する様々な議論（これについては、特に、Scanlon 1975, Mackie 1978, Nagel 1980, 1986, McDowell 1981, 1985, Hurley 1985a, 1985b, Sen 1985a, 1986f, Wiggins 1985, Williams 1985 を参照）をしてはいけないということにはならない。

これを裏付ける明らかな理由が二つある。第一に、個人の行為主体性こそが重要だとする見解は、人が価値があると評価するものは何でも、(i)無条件に、かつ、(ii)その人の評価と同じ値で評価することを意味しない。行為主体性の側面を尊重することは、個人の豊かな生を超え、その人の価値判断、責任などにまで踏み入ることの妥当性を示すが、これらの価値判断、責任などに対する評価の必要性は単にその妥当性を認めるだけではなくならない。行為主体性は（豊かな生を追求するための手段としてだけでなく、本質的にも）重要だとみなされるだろうが、それがいかに評価、査定されるべきかという点についての疑問は依然として残されたままである。私は以前、たとえ「人がある行為を実行するか否かはその人自身が判断すべき重要な問題である」にしても、「狙い、目的、愛着などや善の構想を注意深く評価する必要性は、困難だけれど重要だろう」(Sen 1985a, p. 203) と論じたことがある。客観性の問題は、その「注意深い評価」――つまり、それがどのような種類の問題に関して行われるべきか――の解釈と関係がある。

第二に、倫理学のなかには客観論者よりも主観論者の方を尊重する見方があるが、これは、人々が多くの重要な目的のなかから自分で実際に評価するものを得る能力を認める現実的な倫理学とも共存しうる。自分が評価するものを獲得すること(または獲得する能力をもつということ)は、この点で幸福、豊かな生、自由といった他の評価項目と特に違うわけではない。したがって、幸福、豊かな生、自由などがそれぞれの客観的評価関数によって数値化されるなら、ほとんど同じようにして、自分が評価するものを獲得すること(もしくはその能力をもつこと)も適切な関数で数値化が可能である。評価対象である目的の性質とその根底にある問題は区別しなければならない。客観的な理論であっても、人々が実際に評価するものやそれを獲得するために必要な能力に重要な役割を与えることができる。(14)

行為主体性と豊かな生——相違と相互依存

「行為主体性」の側面と「豊かな生」の側面では認識が違うからといって、行為主体性からみた成功と豊かな生の面からみた成功は関係がないに違いないという見解を取る必要はない。人は——恐らく、その家族や社会、属する階層やグループ、その他の要因によって——自分が達成したいと望んでいたことが実現したときには幸福に満たされ、豊かだと感じるだろう。また、自らの手で達成したいと望んでいたことが何かの都合で実現できない人にとっては、たとえその成就がその人の豊かな生に直接関係なくても、その人の豊かな生は、フラストレーションのために損失を被るだろう。行為と豊かな生という二つの側面が互いに無関係でなければならないとする明白な理由は実際にないし、私が思うに、一方がわずかに変化しただけでも、もう一方に影響することがありうる。重要なのは、この二つの側面がどれだけ独立しているかではなく、違いを認識することと、その妥当性にある。二つの変数が、互いに相手無しでは変化しえないほどにまで緊密な関係にあるとしても、だからといって、それらが同じ変数であるとか、同じ価値をもつとか、ましてや、一方の価値がある単純な変換によってもう一方から得られるといったことは意味しない。

行為を遂行すること自体の重要性は、その行為主体が間接的に引き起こすであろう豊かな生の向上に完全には依存していない。たとえば、自国の独立のために命を賭して戦った人が、その独立が達成されたときに幸福と感じるなら、その主たる成果は独立の達成であるが、その幸福は一つの結果に過ぎない。独立が達成されたことで幸福と感じるのは不自然ではないが、その人の幸福はその幸福だけで成り立っているのではない。このような事実からして、別個に明確な重要性をもつ行為の遂行自体と豊かな生の達成が互いに因果関係で結びつけられているとしても、それぞれがもつ特別の重要性までもが損なわれることはないと言えそうである。効用に基礎を置く厚生主義的な計算が、行為の側面を無視して、人の豊かな生だけに限定されるとか、実際に、行為主体性の側面と豊かな生の側面の間の違いを全く区別できないというのでは、事の本質を見落としていると言ってよい。(15)

効用と豊かな生

厚生主義のもつ二つ目の難しさは、効用による豊かな生に対する特別な解釈から生じる。豊かな生を幸福や欲望達成の測定法だけで判断するのにはいくつかの明らかな限界がある。これらの限界は、特に豊かな生を個人間で比較するときに悪影響を及ぼす。というのは、人の幸福の程度は、その人が期待できるものと、それとの比較における社会の「処遇」を反映するからである。全く機会に恵まれず、ほとんど希望もない不幸な人生を送ってきた人は、もっと幸福で豊かな環境のなかで育ってきた人よりも簡単に自分の損失を諦めるだろう。したがって、幸福の測定法は、明らかな偏りによって損失の程度を歪めてしまうだろう。希望のない物乞い、土地を持たない不安定な労働者、抑圧された家庭の主婦、恒常的な失業者や疲れきった日雇い労働者は、わずかな幸運にも喜び、生きるために厳しい苦難を何とか耐え忍ぶだろうが、この生き残り戦略のゆえに、彼らの豊かな生の損失に小さな価値しか与えないというのは、倫理的に根の深い誤りであろう。同じ問題は、欲望達成という効用のもう一つの解釈でも生じる。なぜなら、絶望的なまでに希望を奪われた人々は、多くを望む気力も失せ、その損失は欲望達成の尺度のなかでは小さくなり、無視されるからである。

不安定な状況が効用の測定法に影響するこの特別な問題は、個人の豊かな生を評価する際に、幸福や欲望実現の基準を今まで十分検討してこなかったという、もっと基本的な問題の反映にすぎない。豊かな生もつまるところ評価の問題であり、幸福と欲望実現は、本人の豊かな生にとっては十分価値があると思われるが、それらが、——各々独自にあるいは両者を合わせても——豊かな生の価値を適切に反映することはできないだろう。[16]「幸福であること」は評価可能なことではなく、「欲望をもつこと」はせいぜい評価の結果である。豊かな生を評価する必要があるならもっと直接的な認識が求められる。

それゆえ、効用を価値の唯一の源泉とすべきだとする主張は、効用を豊かな生と同一とみなすことから生じてきているので、これは、

1 豊かな生だけに価値があるのではない

2　効用は豊かな生を適切に表さない

という二つの理由で批判される。

人の成果を倫理的な面から判断する場合、達成された効用は成果の一部を示すだけだから、効用だけで判断するのは不適切で人々に容易に誤解を与えるだろう(17)。

成果、自由、権利

個人のもつ（他者に対する）優位性がその人の成果を見れば最もよく分かるかどうかに関しては、別の――ある意味ではもっと基本的な――疑問がある。この問題は、豊かな生と行為主体性の両面を評価する場合に発生する。優位性は、人がどの程度自由であるかによって説明されるのであって、自由の下で人が――豊かな生、あるいは、行為の面で――達成する成果をもって（少なくとも、全面的に）説明されるのではない、と言える。こう考えると、我々の注意は権利や自由、実際の機会に向かうだろう。倫理的な計算に際し、人の優位性が――少なくとも部分的に――

自由主義的な考えで判断されるなら、単に功利主義や厚生主義だけでなく、成果だけに注目する他の様々な評価方法も否定されなければならない。[18]

倫理学では、権利に基礎を置く道徳理論に関する研究が昔からあり、実際、ジェレミー・ベンサムのような功利主義者は、この理論の様々な教義を「単なるたわ言」、「机上の空論」、「修辞的な詭弁」と酷評して、その一掃に多大の努力を傾注した。[19] しかし、権利に基礎を置く理論を根絶するのはそんなに容易ではなく、倫理学では功利主義が長く優勢だったにもかかわらず、カンガー（1957, 1985）、ロールズ（1971）、ノージック（1974）、ドゥオーキン（1978）、マッキー（1978）らによって、様々な形で力強く甦ってきた。[20]

経済学では、よく権利の概念が求められ、実際、資産、交換、契約といった経済学上の基本的概念はすべて様々な権利を含んでいる。しかし、このような権利はすべて、功利主義の伝統の下では、他の財、特に効用を獲得するための手段とみなされていた。権利の存在と履行には何ら本源的な重要性が与えられず、権利はよい結果を得る能力で評価され、権利の履行は考慮されなかった。

この奇妙な伝統は、もっぱらパレート最適と効率性に注意を傾けたポスト功利主義の厚生経済学に持ち込まれた。これは驚くにあたらない。なぜなら、権利に本源的な重要性を与えることを拒むのは、功利主義それ自体によるというよりも、むしろ、一般的には厚生主義による（すなわち、総和の順位付けがもつはっきりした特質は、権利に基づく倫理的理由を拒否するのに特に問題とはならない）からである。権利は本源的に重要ではありえないという見解は、今や確立された経済学の伝統のなかに実に根深く浸透しているが、その原因が、いくらかは功利主義（とりわけ、その一部である厚生主義）に影響されたことにもよるにせよ、厚生経済学が複雑な倫理学上の議論に一切興味を示さなかったことにもある、というのが公平な見解である。

第一章で論じたように、経済学の「工学的」側面に注意を集中することは、倫理学内部の非常に狭い見解に固執することになりがちである。一般の経済学者が功利主義的基準およびパレート的効率性に魅力を感じたのは、倫理的な面をそんなに深く考察する必要がなかったからだという意見はあやしい。[21]ジョン・ヒックス(1959)のようなよく疑問を投げかける経済学者は、古典派による「経済的自由」の正当化は、自由にとって「単に二義的な支持要因」にすぎない「経済的効率」に基づく正当化よりもずっと理解しがたいものになってしまった、と論じるだろう。

実際、彼は「ほとんどの経済学者が議論の反対側を完璧に忘れている」(p. 138)ことを正当化することに疑問を呈しているが、当を得た批判である。しかし、この種の批判は稀で、ましてや、検討されるなどということは滅多になかった。(22) 権利と自由の問題は(特に、功利主義とパレート最適を含む)厚生主義の一般的分析方法に対する深刻な疑いを間違いなく生じさせる。(23) この問題は第三章でもう少し詳しく検討する。

自己利益と厚生経済学

本章では、私は、今まで倫理学と経済学が離れていったことによる厚生経済学の不毛性、なかでも、経済学、特に現代厚生経済学で用いられている評価基準の不適切さに話を限定してきた。だが、私は予測的経済学と厚生経済学の間に恣意的に課されてきた一方通行的な非対称性、すなわち、前者は後者では考慮されるが、逆方向はまったくないという事態、をとりあげて、この章を始めた。しかしながら、倫理的な考えが人間の実際の行動に影響するなら(そして、人間の行為に影響を与えることが最終的に倫理学の主題なら)、厚生経済学的な考えは実際の行動に、それゆえ予測的経済学にも、明らかに何らかのインパクトを与えることを認めざるを得ない。もし倫理的な考えが人々の実際の行動に決して影響しないなら、倫理学の主題に多大の注意を注ぐのはかなりばかげているだろう。

予測的経済学は、倫理学には決して屈しないという感情をもっているようだが、これは、人間の行動は、少なくとも経済的問題に関しては、自己利益最大化行動で十分に説明できるという、勝手な仮定の影響を多少なりとも受けている。第一章では、この行動の仮定を疑うことに注意を傾けた。今や実際の行動(および、その根底にあって媒介として用いられる合理性の概念)に関する議論と、厚生経済学の倫理的基礎に関する本章での議論を結びつけるときが来た。厚生経済学的考察が実際の行動に影響するなら、すぐに理解されるように、受け入れられる厚生経済学の性質は経済事象の描写、説明、予知にとってかなり重要であるに違いない。

実際、もし(パレート最適の意味での)経済的効率が経済的判断にとっての唯一の基準で、いわゆる「厚生経済学の基本定理」が課す(外部性が存在しないといった)様々な条件が満たされるなら、自己利益最大化のために必要な方法以外の方法で行動するときには、一般に、誰にとっても、厚生経済学的議論などは存在しないだろう。全員が自己利益最大化行動をとれば、パレート最適が実際に実現するだろうし、別の基準で行動しようとする人が出てきて、その行動が何らかの影響を与えるとしても、それは「経済的効率」、すなわちパレート最適の実現を脅かすだけだろう。それゆえ、もし厚生経済学をこの極端に狭い箱のなかにあくまでも閉じ込めたままで、(非市場的相互依存性を排除する) その構造的な仮定を満たさなければならないなら、自己利益を追求する行動に反する厚生経済学的状況などは実際には生じえないだろう。かくして、その構造的な仮定が満たされるなら、経済学の支配的な伝統のなかにみられる、予測的経済学と厚生経済学の間の一方通行的な関係は、厚生経済学がパレート最適の適切性を保証する小さな箱に閉じ込められている限り、完全に維持される。この小さな箱はより広範な倫理学的考えを取り入れると破裂してしまうので、そのときは、一方的な関係も崩れてしまう。

さて、次に検証を求められるのは、功利主義のような、より強い厚生主義的基準を採用した場合、どんな結果が生じるのかという疑問だろう。功利主義は、確かに、多くの場合、自己利益を追求する行動の最適性を否定するのに格好の基準だろう。

フランシス・エッジワース（1881）は、人がその行動を決定する際にかかわりをもつ諸原理の対立を「利己主義」と「功利主義」の間の衝突と見た。もちろん、功利主義者の最適条件が特にパレート最適でなければならないのは当然で、また、――いわゆる「基本定理」の枠内では――自己利益追求のための行動から逸脱するものは、いかなるものであれ、パレート最適の成立を十分脅かすだろうというのも正しい。しかし、パレート最適の状態から逸脱すれば必ず総効用が減少するに違いない、という理解は間違っている。実際、このような場合に総効用が減少しないケースがよくある。

しかしながら、先に論じたように、もし分析の出発点での資産配分が、選択された厚生主義的目的に適っているなら、「厚生経済学の基本定理」は、各人の自己利益追求のための行動を正当化するだろう。倫理的には、自己利益だけに基づいて行動することを認める組織を完全に正当化できるかもしれない。その場合、厚生経済学的な考えは、やはり、自己利益を追求する行動を否定しないだろうし、結果として、実証的な経済分析は、厚生経済学からのいかなる「感染」も免れることができるだろう。「基本定理」のこの部分は、実際には、先に論じた理由によって、情報的、経済的、政治的な難問を抱えているので、その重要性は非常に限定されるだろう。しかし、理論上は、適当な条件が仮定された構造の下では、厚生経済学に対する批判を気にすることなく、人間をもっぱら自己利益を追求するものとしてみることが再び可能になる。

ここまでの分析では、厚生経済学的理由（従来の厚生経済学との妥協において重要な役割を担っているのは「初期条件」だが）に基づく自己利益追求のための行動に対する批判を一切避けて、厚生経済学をその狭い箱からより広い箱へと移した。しかし、今までの分析全体を通して、厚生主義は厚生経済学の特徴を決定するにあたって重要な役割を演じている。評価基準が厚生主義的である限り、それが単にパレート最適だとか（功利主義のような）別のもっと複雑な厚生主義的基準だとかにかかわらず、自己利益最大化の仮定は実際の行動基準として厚生経済学から外すことのできない条件である。

次の段階として、もし厚生主義そのものが否定されると、厚生経済学的思考との関係から、「基本定理」は、実際の行動に関するこの条件付き独立性をもはや保証できなくなる。この章の前半で論じた厚生主義に対する様々な批判は、すべて、自己利益追求のための行動を否定する理由となるだろう。

　これは、人の「行為主体性の側面」を重視したときに最も明らかになる。実際、人には自分の豊かな生や自己利益以外の目標を追求する理由があるだろう。他人の立場に立った行為の側面を尊重する場合もまた同様でありうる。行為自体が重要(で、自己利益の追求に単純に置き換えができないよう)なときは、自己利益追求のための行動の側面だけでは確かに十分な説明ができない。

　豊かな生に対し、効用とは異なる概念を採用すると、別の種類の問題が生じる。なぜなら、「基本定理」は、個人の豊かな生を判断するに際して、他の方法に簡単に置きかえられないからである。豊かな生に対する、いくつかの「客観的」状況(たとえば、人に対して実際に意味のある成果[24])に基づき、主に選好には基づかない見解も、「基本定理」の基礎にある行動に関する仮定のなかに暗黙の内に含まれている自己利益の追求という単純な図式を徐々に突き崩すだろう。選択は、選好とはかなり違ったものになるだろうが、選好に依存しないような他の豊かな生の概念とはもっと簡単に違ったものになってしまうだろう。

権利と自由

自己利益最大化行動の不適切性は、権利と自由を重視する倫理学的分析でも問題になる。この点は完全に明らかではないかもしれない。たとえば、ノージック(1974)が論じるような権利の理論のいくつかは、他人の合法的な活動への介入を抑制する義務的束縛に違反しない限り、人は望むものは何でも求めることのできる権利をもつと主張する。人には(これらの束縛以外)何の制約もなく自己の利益を追い求める自由がある。しかし、このような権利があるからといって、自己利益追求の行動を起こし、その権利を行使することが、倫理的に妥当だというわけではないことを認識しなければならない。このような権利の存在は、ある人が自己利益の最大化を図る場合、他人はこの人の行動を止められないが、だからといって、この権利が、実際に自己利益を追求することを認める理由にはならない。実際、ノージックが主張するような権利の理論は、社会の人々一人ひとりに対して、他人を助ける方法を考えることの道徳的妥当性を主張することにだって結びつけることができる。もし自己利益を追求する行動よりも重要な倫理的状況が認められないなら、この行動は権利の優先度には基づかないだろう。

これは、諸権利がいわゆる「消極的」な意味合い（たとえば、他人に自分を助ける積極的権利を与えるよりも、むしろ干渉を拒否するといった意味合い）で用いられているときにも妥当する。実際、――対応する束縛に単に従うことに反対して――「消極的な自由」を評価することは、そのような自由を積極的に防衛する他人の行為、たとえば、消極的権利に対する侵害に脅かされている人に対し、その人を助ける義務に大きな意味を与えるだろう。[25] もちろん、積極的自由の強調（すなわち、実際に助けたり、助けられる状況にある人）と、その観点から他人を助ける義務もまた、実際の行動を決定するにあたって、倫理学的な考えが適切であることを裏付けるだろう（Sen 1980, 1985c）。[26] 道徳として受け入れられた権利（とりわけ、高く評価され、支持されてはいるが、それが束縛の形を取るために真面目に尊重されていない権利）は、自己利益追求のための行動からは全面的に排除されるだろう。実際の行為がこの方向へ少しでも動くだけで、標準的な経済理論が受け入れている行動に関する基礎が崩れてしまう。[27]

倫理学から遠ざかることで生じている経済学の不毛さは、（その範囲と適切性を狭めている）厚生経済学と（その行動の基礎を弱めている）予測的経済学の双方に影響する。第三章では、ここで論じた体系的な倫理学的評価の要求、結果の役割、自由と権利に一層踏み込んだ議論を展開する。さらに、本章で行ったように、実際の行動、それゆえ、予測的経済学に対するより広い視点からの倫理学的考察の意味もまた検証されなければならないだろう。

第三章 自由と結果

前章で述べたことは、個人的成果と優位性をどのように捉えるかに関して、厚生経済学が功利主義的な人間観の影響をいかに強く受けているか、そして、その影響が、功利主義以後の厚生経済学に依然としていかに強く残っているかということであった。そこで述べたように、功利主義の概念は狭隘で不適切であり、とりわけ効用の個人間比較が放棄されるなど、いくつかの制約が加えられたことで、現代厚生経済学における功利主義的な考え方はかなり弱められている。もっと強力な功利主義的な考え方に立ち帰ることで、これ以上功利主義が無力化するのを避けることはできるが、それによって、功利主義の基礎にある人間観の本質的な弱点が解消するわけでは全くない。

豊かな生、行為主体性《エージェンシー》、自由

前章では、功利主義的な考え方の三つの限界を明らかにしたが、それらは本質的に別々のものである。議論をさらに先に進める前に、これらの限界の本質とそれを克服するための方法に特別な注意を払っておく必要がある。

まず第一に、人間の「豊かな生の側面」と「行為主体性の側面」とを区別しなければならない。前者が、各人が自分のもつ個人的な優位性によって獲得する成果と機会にかかわるのに対して、後者は、それにとどまらず、得られた成果や機会を他の目的や価値の面から判断することも含むために、おそらく、人が追い求める自分自身の豊かな生をはるかに超えたものになる。この二つの側面はともに重視されるべきだが、その方法と理由は明らかに異なる。「豊かな生の側面」は、（経済的に見て正当かどうかという検証も含む）分配に関する正義の評価、および、人が自分の優位性によって獲得する「取り分」の内容に関する評価という点で特に重要である。これに対して、「行為主体性の側面」については、人が望む様々な物事や目標を形成し実現させるために必要な個人の能力に対する評価を含む、より広い見地から人間を見る必要がある。[1]

豊かな生も行為主体性も様々な機能をもち、それゆえ、ともに能動的な概念であるが（この点については、Sen 1985a, 1985b 参照）、両者の違いは「受動者」と「能動者」の関係ではなく、行為主体性の側面が行為者としての人に、より全体的な注意を払うという点にある。もちろん、この違いはある人の行為の主体性がその人の豊かな生と無関係だということではない。第二章で述べたように、一方が変われば他方も変わると考えるのが自然である。しかし、それにもかかわらず、この二つは決して同じものではなく、一方を他方の単なる変換物と見ることができるほど密接に結びついているわけではない。功利主義で人を判断すると、この二つの異なる側面を区別できず、豊かな生の側面だけで規範的な評価をしてしまうので、判断を誤ってしまう。

第二に、功利主義的な考え方では、（体系的に偏った見方に陥ってしまうため）豊かな生を十分に検討することができない。この点については、前章で、効用に対する様々な解釈の限界を豊かな生の面から（幸福や欲望充足を例に）分析した。幸福であるということは重要な成果であるが、それだけが人間の豊かな生にとって重要なことではない（この点に関しては、Rawls 1971 を参照）。また、欲望は、しばしば欲するものを評価するためのよい指標となりうるが、欲望を測る尺度は、――自分にとって不利な条件が全くなく、純粋かつ大胆に評価する場合はもとより、自分自身で実際に評価する場合でも——極めて不適切な価値基準に左右される場合がある。このような弱点は、豊かな生を個人間で比較する場合には特に重大である。

第三に、人間の自由は、その人自身が獲得した成果以上に価値があると見ることもできる。各人のもつ選択肢と機会は、最終的に獲得したり維持したりするものに加えて、ある規範的評価を考慮に入れたものとみなすことができる。自由は、それが何らかの成果を得るのに役立つからだけではなく、実際に達成された生存状況に対する評価以上に、それ自体の重要性によっても評価されるだろう。たとえば、実際に選ばれた選択肢以外の選択肢がすべて排除された場合、(先に選ばれた選択肢を再び選ぶことができるので) 結果に影響はないが、その人の自由は明らかに制限されており、このことは、何か重要なものが欠如しているとみなされるだろう。(2)

自由という視点は、「豊かな生の側面」にも「行為主体性の側面」にも適用できるので、ある人に関する重要な情報を、「豊かな生の達成」、「豊かな生を求める自由」、「行為主体性の達成」、「行為主体性を求める自由」という四つのカテゴリーに分類することができる。(3) ところが主流派厚生経済学の標準的な考え方では、このような多元性が次の二つの手続きによって一つのカテゴリーにされてしまう。

1　自由を、単に手段としてのみ価値があるものとみなし（それゆえ究極的には成果だけが考慮される）、

2　すべての人のもつ行為主体性はもっぱら自己利益の追求だけに照準するものと仮定する（それゆえ行為主体性はそれ以外の役割をもたない）。

恣意的に限定された情報構造が不適切である理由は、すでに（第二章で）述べた通りである。

多元性と評価

いくつかの分野では、倫理的に適切な情報の種類が複数存在することは問題だと伝統的にみなされてきた(4)。実際、功利主義的アプローチでは、様々な財のすべてが（効用があると仮定されているので）同一の評価基準で記述され、倫理的評価は単に

その大きさの単調変換にすぎない。もちろん、倫理的な評価が最終的に数値による完全かつ推移的な順序という形式をとるとみなされる限り、善さを同質的な倫理的価値と考えることは、恐らく形式的にはおかしくないだろう。善さを完全かつ推移的な順序として見るこの見解自体、あまりにも制約が多く不十分なものであるということをこれから論じるが、ここでは、評価対象を何らかの効用値をもつという点で同質的に記述すべきだとする主張は、——もっと制限のきつい——要求をさらに付け加えることだという点に注意を喚起しておこう。こうした主張は、（異なる評価対象を互いに比較するので）倫理的な善さを統一的かつ包括的にとらえる見解ではあるが、このような「一元論的」見方では評価対象でさえすべて同じ（単一で同質的な）タイプのものとみなしてしまうことになる。

豊かな生と行為主体性をともに重視し、両者を成果と自由の両面から見る本論の枠組みからすると、倫理的に意味のある考察は複数存在することになるが、こうした多元性は、価値のあるものを同質的に論じようと主張する「一元論的」な方法論から見ると、当然、扱いが難しいだろう。しかし、「一元論的」アプローチの恣意的で限定的な性格は、その基準自体を強化するのにほとんど役立たない。ここでは、「一元論者」からの非難が無益であることについては、これ以上詳しい理由は述べない（この問題は、Sen 1985a で論じている）。

財の多元性と多様性という問題および、合理的な倫理学において財のもつ多様な意味に注意する必要があるのは、これらの多様な倫理的問題がかなり曖昧であるにもかかわらず、厚生経済学にとって明らかに重要だからである。私は、これらの一般的な問題の重要性を無視するものではなく、実際、本章でも後でこの問題を扱う。ここで強調したいことは、価値があるものとは何かという問題に対して、ア・プリオリに一元的な考え方が必要であるという立場をとらないということである。評価対象を一元的基準で評価するのは恣意的であるということと、倫理的評価が完全かつ整合的な順序をもつべきかどうかという問題とははっきり区分しなければならない(5)。様々な財の束を順序づけるという重要――かつ、全く恣意的でない――問題は確実に残されるので、倫理的に対立する主要な問題を扱う場合には、それに触れざるをえないだろう。しかし、この倫理的順序の問題と一元的評価の問題を混同してはならない(6)。

道徳的情報に関する四分類が示唆することよりも、ここでの議論が扱っている多元性の方が実際にははるかに広いということも付け加えておかなければならない。なぜなら、四分類それぞれの内部にも多様性があるからである。たとえば、「豊かな生の達成」を論じる場合にも、人がなしえたり、なりえたりする様々な重要なことがらに関して考慮されるべき点は多様である。これらの「機能」には、栄養不足や疾病を免れるといったことから自尊心の保持や創造的活動の遂行といったことまで、様々な領域の成果が含まれている。[7] 功利主義者のなかには「幸福であること」をあらゆる評価の基礎とみなす者がいるが、それは――不合理なことではなく――ここに例示したような様々な領域の成果の一つである。

こうした内的多様性は、「豊かな生を求める自由」の評価にも存在するし、さらに、ある集合のすべての要素が明確に数値化された場合でも、様々な評価法が考えられ、それから新たな多様性が生まれる。この問題については、既に別のところで論じている（Sen 1985b）。同様に、「行為主体性の達成」や「行為主体性を求める自由」にも多様性が存在する。

さらに、一個人の成果と自由から、（ほとんどの経済的判断や倫理的評価に含まれる）多くの人々からなる集合全体としての成果と自由に視点を移すと、その多元性はさらに広がる。多元性自体が厄介者扱いをされるなら、有効な対処法は実際にはありえないだろう。だが、多元性をもつ枠組み自体が別に扱いにくいわけではなく、「一元論者」の主張する枠組みに固執することが、根拠なく他を排除しているにすぎない。

社会的選択理論によって開発された分析の枠組みは、規範的評価を含んでおり、様々な状況における多元的な評価の問題を扱ってきた（Sen 1970a, 1986c を参照）。事実、アロー（1951a）が先鞭をつけた社会的選択理論はみな、そうした多元性を当然のこととしている。さらに、いくつかの経済理論的分析において、効用という言葉はしばしば価値評価という言葉と同義に用いられるために、「効用関数」の構造の内部で分析された問題は、同時に、複合的評価の性質に関し、いくつかの重要な洞察をも生み出している。このような様々な文脈において、完全性と整合性の問題は多くの注目を集め、特に数学的に記述された社会的選択理論の文献では、多元性と密接に関連した肯定的な結果や建設的特徴をもつ定理とともに、様々な「不可能性定理」が証明されている。

このような文脈において問われるべき問題は、個々の「合理的評価」という特定の観念に関して、集計的評価を定式化する際に課されてきた規則性の条件が受け入れられるかどうか、またそれが適切かどうかということである。

不完全性と過剰な完全性

いくつかの評価対象がある場合、一つの行為を選択することは、ある観点からは高い評価を得るが、別の観点からは低い評価を受けることがありうる。この種の問題に対処する方法は三つある。一つは、いくつかの適切な「トレード・オフ」を検討し、比較対象の組み合せの一つが他の組み合せに対して全体的に優れているかどうかを判断する、という方法である。[8] この対処法は、決定が行われる前に対立を解消しようとするものであるが、うまくいかなかった場合にどうするかという問題には答えを出せない。

この「比較考量された完全な順序」とは対照的に、第二の対処法は、二つの選択肢に順位を付けないままにしておくというものである。この方法では、それぞれのケースに対して完全な順序を求めず、複数の評価から生じる部分順序（半順序）は完全性を満たさない（この点については、Sen 1970a, 1985aを参照）。評価法ごとに得られた部分順序の間に一致する部分がある場合には、「優位性に基づく推論」、すなわち「xはyよりもあらゆる点で良い」という推論に基づいて、すべての選択肢からなる一つの明確な順序を作ることが当然可能となる。最終的にできあがった部分順序は優劣関係を含むが、もちろん、それ以上の意味も含んでいるだろう。

「比較考量された完全な順序」も「部分順序」も、単純な整合性を満たすことを要求する。これに対して、第三の対処法は、競合する諸原理間の調停不可能な対立に直面して、二つの選択肢間でどちらも他方より優越していることを許容するものである。このアプローチは、――「整合性」を欠く判断を容認しており――経済学者や多くの哲学者には全くと言ってよいほど人気がないというべきであろう。実際、内部的整合性の要請からすれば、この対処法は全く異様に見えるだろう。

だが、このような「整合性の欠如」を認めたからといって、この対処法が葬り去られるわけではない。というのは、そのような「整合性」の実現可能性や必要性も、また、ともにその正当性が求められるからである（この点については、Sen 1967b, 1984cを参照）。この最後の対処法は、定義域が重なっている場合、全体的判断にかかわる二つの本質的に対立する原理がともに捨てがたく、両者を受け入れる結果として用いられる可能性がある。この「完全性を超えた判断」は、多くの古典文学や哲学で論じられてきた問題と関連している。たとえば、アガメムノンのジレンマに対してどのような態度をとろうとも、彼は出発する前にその選好順序を少し変えたらよかったのに、と言うだけでは、そのジレンマを解決することはほとんどできない。(9)

こうした異なる対処法を論ずる場合、制度的な公共政策と個人的決断という二つの要請を区別することが重要である。制度的な公共政策で実際に有効なのは最初の対処法——「比較考量された完全な順序」——で、その整合的かつ完全な社会的厚生関数、あるいは、全選択肢の集合の部分に対して非空選択集合を与える完全な社会的選択関数が必要だとする主張は理解できる（最後の点については、Fishburn 1973 を参照）。これは、制度に基礎を置く公的決定がある段階で明確な指示を必要とするからだけでなく、諸原理間の対立から生じる整合性の欠如の「多さ」を認めることにいかなる価値があろうと、それはその対立に巻き込まれている個人にとっては全く私的なものだからでもある。

実際、何らかの政策が求められる場合には、最終的に何かが行われなければならない。もっとも、何もしないということも一つの政策であるが、――認識すべき重要な点として――どれか一つの政策を選ぶにあたって十分な理由がなければならないということにはならない。全体としての判断において、不完全であることや過剰な完全性は決定にとって途方もなく厄介なものであるかもしれないが、決定を求めること自体が対立を解決するわけではない。これは、制度的な公的決定でさえも、ときとして、部分的正当化を基礎として行われなければならないことを意味している。

　これを認めたからといって、合理的な選択を放棄することにはならない、と私は信ずる。たとえば、たまたま二つの干し草を目の前にして、どちらを食べたらよいか決めかねて餓死したビュリダンのロバも、餓死して死ぬよりはどちらかを選んだ方が良かったのだから、合理的な選択ができたはずである。だが、片方の干し草を選び、もう一方の干し草を選ばなかったことに十分な理由があるわけではなく、どちらを選ぶかは部分的な正当性しかもたない。合理的な公的決定は、このような部分的正当性しかもたない選択を甘受しなければならない[10]。

対立と行き詰まり

個人的な判断と決断が問題になる場合、不明確な「トレード・オフ」しかなく、(それが必要でも)完全な順序が成立せずに多様な財が認められることは、心理的にも倫理的にも何らかの重要な意味をもつかもしれない。もちろん、ここでも何らかの決定が求められ、比較考量するか、行き詰まった問題に対する何らかの解決策をとるかのどちらかに頼らざるをえないだろうが、人間の熟慮と決断においてそれだけが重要というわけではない。たとえば、良い経済的成果を得るためには、感情に溺れず、無反応で冷酷なままでいることが最適だとわかったとしても、間接的な効果を考えれば、救助の要請に対してクールで冷淡なまま何の対応もしないでいられることには何らかの重大なマイナスの価値があると考えるのはおかしなことではない。

こうしたジレンマや、思案、躊躇、嘆きといった形でそれに心理的に対応する価値は、経済的決定にとってよりも、多くの文化的、社会的行動にとって明らかに重要である。[11] だが、これらの対立やその結果としての行き詰まりは、経済学にとっても全く無関係ではありえない。なぜなら、それらは、経済学が探求している人間の行動に影響するだろうからである。

不確実性の下での行動に関する最近の実証研究は、リスクの評価ならびに代替的決定の比較検討に際して、何が体系的な整合性の欠如と見えるのかを明らかにしてきた。[12] これらの結果の多くは単純に知覚や推論の「誤り」と解釈されてきたが、その解釈はほぼ正当であろう。たとえ、この見解が完全に受け入れられるとしても、そのような行動が広く行われていることは、実際の行動を理解するにあたって通常要求される「合理性」を満たさない事態があることを示唆している。だが、「誤り」とされるもののいくつかは、標準的な文献において定式化されているものと違って、実際には決定問題に対する異なった見解を反映しているにすぎないとも考えられる。[13]

こうした我々の理解は、倫理的議論や厚生経済学的評価における決定問題に広く拡張していくことができる。「比較考量された完全な順序」のモデルは、実際には、実定道徳にとっては不合理であるだけでなく、行動の記述や予測にとっては非現実的で大いに人を惑わせるだろう。ジレンマがない場合には深刻なジレンマを引き起こす重大な事態は当然存在しないが、実際にジレンマがある場合には、――あまりにも多くあるように思えるので――その本質の理解は、経済現象の理解と評価に際して考慮されるだけでなく、経済的な予測にも有効に利用できるだろう。

この種の問題は、(ストライキへの参加やスト破りの幇助《ほうじょ》といった)労使関係、(産業全体としての一致した行動や脅しを含む)賃金交渉、(工場内での協調や対立を含む)産業の効率性と生産性、その他経済の動きに不可欠な多くの場合に特に重要でありうる(Sen 1984a 参照)。たとえば、一九八四年から八五年にかけて起こったイギリスの炭鉱労働者のストライキは、ストライキ参加者とスト破りの比率が変化するという複雑な過程をたどったが、この過程の検証にあたっては、炭鉱労働者が直面した倫理的問題の複雑さと現実的な要求が正しく理解されなければならない。この問題のゲーム理論的側面は、ある程度までは、狭い合理性に基づく伝統的なモデル構造で定式化されうるが、このモデルが課す厳しい制約は、現実に起こったことを説明するにはあまりに限定的である。

権利と結果

このように、厚生経済学と予測的経済学の双方に関係があるかもしれない倫理的考察は、両者が伝統的に受け入れてきたり、提案してきたものよりもはるかに豊かである。厚生主義と結果主義、および狭く限定された合理的決定要求によって課せられる制約は、経済学的評価や行動予測から極めて多様な考察を締め出してきた。このことから、私はこれまで、経済分析で用いる一連の変数や様々な影響関係についての視野を修正し、かつ拡大することが必要であるということを論じてきた。

この議論は現在の経済学に対してかなり批判的であるが、これらの問題が今日の倫理学の研究のなかで十分扱われてきており、その結果、経済学を倫理学に近づけることで、倫理学から引き出される教訓を経済学にとり込むことが必要だと主張しているのではない。残念ながら、そうではない。むしろ、経済学自体が用いてきた様々なアプローチや手続きによって、これら倫理学的考察をさらに分析できるであろう。

重要な点は道徳的権利と自由の観念から明らかにされる。もちろん、道徳的権利や自由は、近代経済学が多くの時間を費やして獲得してきた概念ではないという事実を率直に認めなければならない。実際、経済分析においては、権利は、本質的な価値というより、道具として用いられる純粋に法的存在と見られている。私はすでにこうした権利の軽視を問題にしてきた。しかしながら、権利や自由を適切に定式化すれば、経済学で標準的に用いられている結果主義的推論を実際に使えるようにすることができるはずである。

この数十年ほどの間に権利に基礎を置く倫理学が復興してきたが、そこでは権利はしばしば、それをもつ者以外は単に従わなくてはならない制約という形をとるものとして、義務論的な見方で理解されてきた。その代表は、ロバート・ノージック（1974）による、権利に基礎を置く道徳構造のエレガントな体系である。（規範的経済学を含む）社会道徳に含まれる広範な相互依存関係という複雑な問題を考える場合に、特にこの義務論的構造が適切かどうかは問題である。たとえば、ある制約に対し全員の同意がはっきりと取り付けられていない状況下で、その制約に従おうとしない人がいる場合（これが実際にはごく普通の状況であろう）、他の人はこの違反を防ごうとすべきではないのだろうか。しかし、このような道徳的要請が実際にあるとしても、それ自体は制約という形をとらず、何かを積極的に行う義務、すなわち、違反者を抑止する義務という形をとるだろう。

個人Aが個人Bを激しく殴るといった形で、AがBの権利を大きく侵害する場合、個人Cにはその行為をやめさせる義務があるのだろうか。(14) さらに、腕力の強いAによってBの権利が大きく侵害されることを防止するために、Cが個人Dの権利を少しばかり侵害することは正当化されるだろうか。たとえば、Bを救おうとしてBがAに殴られている場所に急ぐために、貸す意思などないD所有の車をCが（暴力さえ使って）許可なくとり上げることができるだろうか。もし、権利が単に制約という形（すなわち、他人の権利を侵害してはならないという形）をとり、その制約が、たとえば、ノージックの体系に示されているような制約なら、Cはこのやり方でBを助けようとしてはならないはずである。なぜなら、Cは、

1　Bを助ける義務をもたず、

2　Dの権利を侵害してはならない義務があるからである。

ノージック的な権利の権原論は、このような問題や関連する多くの問題に納得のいく答えを与えないが、権利が本当にまじめに考えられ、支持されるなら、これらの問題は重要であり、避けて通ることはできない。

この「一般的な相互依存関係」には、発生した事態を評価する際に、権利が充足される良い面と権利が侵害される悪い面の両方を組み合わせることでよりうまく扱うといった仕方で、外部的考慮を内在化させる必要がある。このことはすでに論じたことがある（Sen 1982b, 1985c）(15)。経済学が様々な分野（第二章で論じた一般均衡分析を含む）で精力的に発展させてきた相互依存関係の追求と結果主義的推論の枠組みは、社会のなかで諸権利を評価する際に避けて通ることのできない相互依存関係の問題を追求する際に、多くの洞察を与えてくれる。

結果主義的検討と義務論

このように権利論を扱ってくると、ある種の抵抗に遭いそうである。というのは、とりわけ、権利を基礎とする議論は、しばしば、結果主義的な議論に疑念をもつ哲学的立場から行われるからである（たとえば、Rawls 1971, Nozick 1974, Dworkin 1978, Ackerman 1980）。その疑念は、権利を緩めることのできない義務論的制約とみなすことを否定してしまうと、たらいの水とともに赤子まで流してしまう結果をもたらすかもしれないという点から生じる。権利の本来的な重要性は結果主義的な反論と妥協できるかもしれないが、そうした妥協は、権利を浅薄かつ過度に不安定なものにしてしまい、倫理的に擁護できないだろう、というのがその立場である。

このような疑念が生じうることは理解できる。しかし、このような恐れは本質的に不適切なものである。第一に、そうした疑念はある程度まで結果主義を厚生主義と結びつける伝統から生じてきている。この伝統においては、諸々の事態の良さで行動その他が判断されるだけでなく、さらに、事態の良さが今度は効用で表現された結果によって全体的に判断されるからである。功利主義が結果主義および厚生主義の両者と一体化しているために、しばしば、この二つの要素を切り離すことは困難であった。しかし、両者は明らかに本質的に独立した要素である。[16]

実際、もし権利の侵害が悪いことで権利の充足が良いこととして扱われるならば、厚生主義は妥協しなければならない。なぜなら、厚生主義は効用以外の何ものも本質的に価値があるものとは見なしていないからである。功利主義の他の要素が切り離されるならば、権利に基礎を置く道徳理論は、「厚生主義」や「総和による順位付け」とは両立しないとしても、結果主義とは非常にうまく両立しうる。

第二に注意すべきは、ある人が特別な価値をもった対象を扱っている場合にも結果を無視することは誤りだろうという点である。結果主義的な推論が行われるのは、行為が結果を引き起こすという事実による。それ自体特別な価値をもつ行為でも、別の結果をもたらすことがありうる。それ自体特別な価値をもつどんな行為も、それがもつ手段としての役割を無視する正当な理由にはならないし、手段として適切だからといって、それがその行為自体の価値を否定するわけではない。ある行為の倫理的意味を全体として評価するためには、その行為自体の固有の価値（それがあるとしての話だが）を見るだけではなく、その行為がもつ手段としての役割とともに、その行為が他に与える結果をも考えなければならない。すなわち、その行為が引き起こすであろう結果について、その行為自体の価値や負の価値を検討しなければならない。経済学における「工学的」側面と呼ばれるものは、倫理学自体にもあるのである。そのことは、主流派経済学における程ど中心的問題ではないとしても、多くの倫理的問題において非常に重要である。

第三に挙げておきたいのは、結果主義自体が受け入れられない場合でも、結果主義的な推論は有効に利用できるだろうということである。結果を無視することは、倫理的な議論の半分を聞かないに等しい。だが、結果主義は倫理的な議論以上のことを求める。特に、結果の良さで行為の正しさを全面的に判断すべきだとする主張は、結果を考慮に入れるということだけではなく、その他のすべてを無視しなければならないという要求でもある。もちろん、この二分法は、実行された行為そのものに価値を認めたり、権利が侵害されることの価値を否定するなど、非常に広い見地から結果を見ることで和らげることができる。私は以前、次のように論じたことがある。

1　そうした拡張は有益で重要なものであるが、

2　ほとんど完璧なまでに拡張した後でも、結果主義者の評価と、結果に敏感な義務論者の評価との間にはギャップが残る（Sen 1982b, 1983c)。

行為yよりも行為xが選択されるということは、xを実行し、それによって引き起こされる事態が、yを実行し、それによって引き起こされる事態よりもすぐれているということと同じではない。この区別は、結果主義がより広く定義されるほど弱くなるが、結果主義的推論が完全に満たされ、実行された行為がその結果のなかに含まれたとしてもなお、消えてしまうわけではない。多くの道徳的決定にとって、結果主義的分析は必要ではあるが十分なものとはみなされないであろう[17]。

第四に注意すべきは、結果主義的な推論――ならびに結果主義自体――は、事態を評価する際の「位置の相対性」と結びつきうるという点である（Sen 1983c）。異なる人々が、その立場とは無関係に、同じ事態を全く同じように評価すべきである、と主張するかしないかは、倫理的アプローチの内部構造の問題である。デズデモーナが（たまたまオセロによって）殺されたことをオセロ自身が他の人と全く同じように評価すべきかという問題については、様々な見方ができる。これまでの私の主張に従えば、デズデモーナの愛人、夫かつ殺人者という、この問題におけるオセロの特別な立場からすれば、整合的かつ統合された一つの倫理学的理論は、オセロに対して——この事件に関係ない——他の人々よりもはるかに事態を深刻に受け止めるように要求する、という見方ができるだろう。[18]

事態の評価に「位置の相対性」が認められるなら、バーナード・ウィリアムズやトーマス・ネーゲル、ディレク・パーフィットといった哲学者たちによって論じられたように、行為に適用される行為者相対的道徳観における様々な特徴を（事態の位置に敏感な道徳的評価を含む）結果主義体系のなかに組み込むことができる。[19] こうして、相互依存関係と道具的集計を含む結果主義的推論の利点が、その事態そのものの評価だけでなく、道徳的評価に関する位置の相対性や行為主体の感受性とも結びつくことができる。

もちろん、結果主義的な推論が予知的評価という経済学者の標準的な見方に訴え、かなり機械的に用いることができ、実際、しばしば用いられてきたことは事実である。しかしながら、結果主義的推論が、もし厚生主義のもつ全く異なる要求——すなわち、位置の独立性の要求と、手段として重要な変数がもちうる固有の価値を無視せよとの要求——によって課される付加的条件なしで用いられるなら、結果主義的アプローチは、権利や自由といったことに関する予見的考察のために、強固であると同時に繊細な構造を構築することができる。私はこの方向に向かうことに明白な利点があるということも論じてきた。そしてこれは、ともに不適切な結果主義的集計を含む、標準的な厚生経済学における狭い結果主義的厚生主義とも、道徳哲学におけるいくつかの義務論的なアプローチとも異なる。

倫理学と経済学

倫理学と経済学のより密接な交流は、経済学だけでなく倫理学にとっても有益である。多くの倫理的問題には我々が「工学的」と呼んできた面があり、そのいくつかは実際に経済的な関係を含んでいる。第一章で論じたように、アリストテレスによる「人間にとっての善」の分析でさえ、経済工学的な要求に対応して、経済運営上の様々な問題を含んでいた。しかし、経済学的な推論を直接用いることとは別に、相互依存関係や相互関係に特に注目し、その実証的な側面を追求する経済学の伝統は、方法論的に見て、倫理学的な議論と関連している。功利主義を拒否し、その奇妙に狭い結果主義的集計を論駁《ろんばく》したにもかかわらず、私はここまで現代の倫理学的議論のいくつかを結果主義的な方向に拡張する議論を素描してきた。

しかし、本書では、経済学が倫理学になしうることよりも、倫理学が経済学になしうることの方に重点を置いている。私は、経済学が倫理学から離れることが厚生経済学を不毛にし、多くの記述的および予測的経済学の基礎をも危うくする、と論じてきた。前二章では、厚生経済学の貧困化が記述的および予測的経済学に及ぼす間接的な影響を論じた。この最終章をしめくくるにあたって、ここでもう一度この問題に立ち戻りたい。

私は、自己利益に基づく行動という極端に狭い仮定を広範に用いることは、予測的経済学の視野を極度に制限し、行動の多様性を通して機能する多くの重要な経済関係を追求することを難しくする、と論じてきた。前章と本章で述べたように、厚生経済学的評価における倫理的考察の豊かさは個人の行動にも直接関係している。私は、このような複合性のすべてに注意を払わない限りいかなる行動モデルも有用ではない、と主張しているのではない。多くの近道を探さなければならないのは明らかで、それに応じて、様々なタイプの倫理的考察がもつ予見的な妥当性を適切に吟味しなければならない。逆に、純粋な自己利益に基づく行動という狭くて受け入れがたい前提に固執することは、我々の行きたいと望む場所とは違うところに導くような疑わしい「近道」に我々を引き込んでしまうように思われる。目的は、経済的関係が実り豊かに研究され、記述、予測、政策に利用できるような方法で人間行動を理解、説明、予測することである。極端に限定された自己利益以外の動機づけや価値づけをすべて放棄することは、予測の有効性という点で正当化が難しく、経験的にも支持しがたい。この狭い道に固執することは、我々の抱える問題を解決する方法として優れているとは思えない。

しかし、「自己利益に基づく行動」を定式化しようとすれば、そこにはある複雑さがある。それについてはまだ論じていないが、自己利益と行動との関係をより深く考察しようとする場合に必ず生じる困難の本質を理解する上で、そうした定式化は特に重要なものであろう。

厚生、目標、選択

経済学では通常、人は自分の効用関数を最大化しようとしているとみなし、しかも、その効用関数はその人の消費のみに依存し、その人の選択すべてを決定するとみなしている。だが、「自己利益に基づく行動」には重層的な構造があり、そこには本質的に独立した三つの明確な特徴がある。

自己中心的な厚生　人の厚生は、その人自身の消費だけに依存する（特に、他者への共感とか反感を含まない）。

自己厚生の目標　人の目標は、その人自身の厚生と——不確実性の下で——確率的にウェイト付けられたその厚生の期待値を最大化することにある（特に、それは他人の厚生を直接的に重要視しない）。

自己目標の選択　各人それぞれの選択行動は、自分自身の目標を追求することで直ちに導き出される（特に、他の人々もそれぞれの目標を追求しているとすれば、各自の成功の相互依存性を認識することで各人の選択行動が制約されたり修正されたりはしない）[20]。

標準的な経済理論（たとえば、主流派の一般均衡分析）では、これら三つの前提すべてが同時に機能し、互いに結びついている。しかし、それらを区別することはできる。たとえば、ある人の唯一の目標が自分自身の厚生を最大化することで、その選択のすべてがその目標を反映しているとしても、その人の厚生はその人自身の消費だけに基づいているわけではないだろう（たとえば、Winter 1969, Archibald and Donaldson 1976 を参照）。あるいは、ある人の厚生がその人自身の消費のみに依存しているにしても、その人の目標には、自身の厚生だけを最大化するにとどまらず、それ以外の目的も含まれているだろう（たとえば、Akerlof 1983 を参照）。自己利益を求めるものとは異なるタイプの行動は、右に述べた三つの要求のうちの一つないし二つ、あるいは三つすべてを否定するかどうかで見分けることができる（Sen 1985d を参照）。

厚生経済学的考察を重視することは、人々にこの三つの要求を控えさせる効果をもつことになるだろう。倫理的な考慮は、人が自分の厚生以外の目的を最大化していることを示唆し、その人の個人的厚生を自身の消費よりも広い基盤に据えるような反応を引き起こすことができる。自己利益に基づく行動に組み込まれているこのような異なった特徴に関する様々な倫理的考察がもつ意味は、体系的に解明することができる。

取り扱いが最も難しい特徴は、自己目標の選択である。実際、どのような行動を選択するにしても、その人の（道徳的なものがあればそれも含めた）目標にとって最適なものを選択するであろうと考えることは、（他人の選択も含めて）その人が制御できないものがある場合には、おそらく例外などまったくないほどに完全に合理的なものとみなされるであろう。

各人が自分の最適な目標を選択していると仮定することが問題となるのは、それが直感的に納得できないということではなく、むしろ、各人にとって、異なる様々な目標をもつ人々からなる共同体のなかで自らの目標を選択するよりも、一つの別の行動規則に従う方が、各人の目標をうまく達成できる、という事実に基づいている。この種の問題は、たとえば囚人のジレンマといったいくつかの標準的なゲーム理論の立場から、容易にその特徴を述べることができる（Luce and Raiffa 1957, Olson 1965, Parfit 1984 を参照）[21]。もちろんこれらのゲームは人工的なものではあるが、

——多くの経済問題を含めて——様々な実生活上の問題に非常に密接に関連し、社会的行動における主要な問題に我々の注意をひきつける。

囚人のジレンマ状況においては、他者が何をしようとも、自分の目標は支配（および、「自己目標」）戦略に従うことでよりよく達成されるという意味で、各人はそれぞれ「絶対支配」戦略をとる。しかし、そのとき、各人がそれとは異なる（より協力的な）戦略をとれば、各人の目標はもっとよく達成できる。「自己目標」の選択があらかじめ与えられているならば、各人は明らかに非協力的な戦略に従うことになり、したがって、皆が協力的な戦略に従うよりも劣悪な状況におかれることになるのは明白である。(22) 事実、この種の問題に似た実生活上の問題が経済学的に重要な多くの分野にある。たとえば、高い工業生産性の達成は、各人が大きな努力もせずに（他人の仕事の成果を享受することで）自分自身の目標をよりよく達成できる場合でも、すべての人の努力に依存するだろう。

ゲーム理論的な行動に関する実験的研究も、人々が自己目標にとっての最適な選択から離れる傾向にあることを示している（たとえば、Lave 1962, Rapoport and Chammah 1965, Axelrod 1984 を参照）。このような乖離は、経済的、社会的な事象を含む実生活上の経験のなかにも、ごく簡単に見出すことができる。実際、自分の目標を認識し、それを最大化しようとしているにもかかわらず、それに反する行動規則に従う人々が確かに存在する。しかも、そういう人々は、そうした行動規則に従うことに何ら特別な重要性を与えていないのである。事実、他人の戦略的選択が与えられているとき、それとは異なる戦略に従うことで各人が自分の目標をよりよく達成できるかもしれないときでも、手段上の理由や、各人の諸目標がよりうまく実現されるという意味での集団全体の利益のために、そうした行動規則に従うのである。

近年、有限繰り返し囚人のジレンマ・ゲームにおける協力的行動の優位性を扱ったゲーム理論の文献が非常に多く刊行されている。この場合の協力に対しては一般的な反論があるがゆえに、これは興味深く、また、重要である。それによれば、自己の目標を選択しないことで得られる報酬は、その後に行われるゲームでの他のプレーヤーの好意的な対応から獲得されなければならない。最後のゲームでは、もうそれ以上ゲームが繰り返されないので、明らかに自己目標の選択を放棄することはない。しかし、各プレーヤーは最後のプレーで自己目標の選択を放棄する動機はないので、最後の一つ前のゲームで非利己的な行動をとることにも意味がない。なぜなら、要するに誰も最終ラウンドでは他人の行動に反応しないだろうからである。この推論に基づいて、前へ前へとゲームを遡及することによって、ゲームのどの段階でも自己目標の選択を放棄することはありえないことが示される。それにもかかわらず、現実にはこうしたゲームでも協力が生じているように見える。

この問題を数学的に扱っている文献では、プレーヤーの知識もしくは推論のどちらかに何らかの「欠陥」があるために協力が生じるのだと説明しようとする様々な試みがなされている。例を挙げると、プレーヤーは、ゲームが何回行われるのかを知りえないので遡及的な帰納的推理は不可能であるとか、プレーヤーは、他のプレーヤーがどのような目的や知識をもっているかを十分に知らず、他人が実際に協力と、それに応じた対応を好んでいると――たまたま誤って――信じてしまうのだろうとか、あるいはまた、考慮される行動パターンの可能性が他のすべての可変的可能性を検討することなく、恣意的にある特定の方法を選んでいるのだ、といった具合である。(23)

こうした「欠陥」は確かにあるだろうが、協力的な行動を全く別の視点から説明することも可能である。実際、このような協力は、この種の反復されないゲーム、すなわち、一回限りの実生活においてもしばしば見られる。もちろん、ある人の実際の目標は、人々が最大化しようとしていると信じている目標ではない場合もありうる。しかし、人々は自分の目標をはっきりと自覚し、それを最大化しようとしているにもかかわらず、そうした状況下における他の人々の成果の相互依存関係の本質を認識しているがゆえに、他人の目標に注意を払っているという可能性もある。(24)

　行動は最終的には社会的な事柄でもあり、「我々」がなすべきこと、あるいは、「我々」のあるべき戦略の観点からの考察が、他の人々の目標とそこに含まれる相互依存性についての認識を含むアイデンティティ感覚を反映していることもあるであろう。他の人々の目標が自分の目標に組み込まれることはないにしても、相互依存関係の認識は、そうした行動規則が必ずしもそれ固有の価値をもつものではないとしても、その集団の成員それぞれの目標を確かなものにするという手段的な意味での重要性をもつからである。

　ゲーム理論的な――そして経済理論の――言葉遣いは、この種の行動パターンに関する議論を難しくする。なぜなら、両者の言葉遣いは、人が何を最大化しようとしているように見えようと、単純な解釈によって、それがその人の個人的目標に違いないと考える傾向が強いからである。しかし、人が最大化しようとしているとみなされるものは、各人が何を適切な制御変数とみなしているかについての見方、各プレーヤーが用いる制御手段のうちで正しいとみなされるものにどれくらいの多様性があると見るかによる。ある社会的規則が手段としてもつ価値が個人の目標追求一般のために受け入れられる場合に、本当の曖昧さが生じる。相互互恵関係が本質的に重要なものとはみなされず、手段的にのみ重要とみなされ、この認識が各人の目標をよりうまく達成するために実際の互恵的行動において示されるなら、各人の「真の目標」は、各人の現実的目標よりもむしろ、相互互恵関係に従うことである、と論じることは難しい。

　囚人のジレンマでの協力問題に対するこの見方は、その他のアプローチに比べていくつかの利点をもつ。[25] ひとつには、これは一回限りの囚人のジレンマにも適用され、日常生活における多くの協力的行動はそのようなものであるように思われる。第二に、そこには、何らかの知識上の「欠陥」を組み込むことで解決されるような問題はない。人々はしばしば無知だが、もしより多くの情報が与えられたなら得られなかったであろう良い結果を、その無知のために得ることができると考える「合理的」行動のモデルには倒錯した要素がある。

もちろん、社会的協力という考え方のなかにも曖昧さがあることを認めなければならないが、それはまさにある程度当然のことである。実際、本書において先に論じた、諸原理の衝突という状況での不完全性と過剰な決定性は、この曖昧さと関係している。囚人のジレンマ・ゲームにおいて同時に考慮される他人の目標を考えて、人が行動を社会的戦略の視点から見るようになったら、協力的戦略に従うことは、「我々全員がそれぞれに持つ目標にとって、より良い」という、一つの適切さをもつことになる。逆に、——戦略を選択するにあたって——もしも、各人が自己目標の選択という観点からのみ考え、他人の行為は（自分たち自身の行為とは無関係に）与件であると仮定することに何の間違いもないとみなすなら、非協力的な行動である支配戦略は、実に魅力的である。つまり、「他人の選択が分かっていることは誰にとってもより良いことである」。この二つの選択的な行動基盤はともに非常に深いものであり、ともにそれぞれの行動過程を推測させる十分な理由をもっている。

このジレンマが（「比較考量された完全な順序」の線で）何らかの方法で完全に解

決されるものとして扱われるか、それとも（「どちらのコースをとるにしても決定的な理由がない」として）完全性が欠如した場合としてそのままにされるか、（「この二つの過程にはそれぞれもっともな理由があるが、両者は対立する」として）過剰な完全性を示すものとみなされるかは、その理由が指示することがらに関して真の曖昧さがあることを認めることほど重要ではない。(26)各人の支配戦略に反する社会的行動が手段としての役割をもつことが認められるケースを簡単に無視することはできない。人々の知識の「欠陥」のせいにしないとすれば、この種の集団的合理性を考慮することが、実際の行動に影響を与えないと考えるべき理由は全くない。要するに、実験的ゲームや実生活の観察から得られる結果は、結局、それほど直感に反するものではないだろう。

実際、アダム・スミスでさえ、「行動規則」が手段としての重要性をもつことを指摘して、「これらの行動の一般規則は、それが、習慣的な反復によって我々の心に刻み込まれてきたとき、我々の個別的状況において何をなすことがふさわしく適切であるかに関して、自己愛に対する誤った観念を訂正するのに非常に有効である」（Smith, 1790, p.160）と言っている。そのような社会道徳には複雑な手段的倫理が含まれている。産業関係に従事したり、企業内の生産性向上、その他様々な経済行為の問題において、この種の規則に従った行動は重要であるに違いない。(27)

行動、倫理学、経済学

これまでの分析から出てくる一つの興味深い論点は、自己中心的行動の三つの構成要素のすべてを組み込んだ経済理論の標準的な行動仮定から離れる道が多くの異なる倫理的考察から導かれるだろうという点である。そこには、他人に対する優しさや共感も含まれるだろう。また、様々な原因へのコミットメントでもあるかもしれない。さらに、それを侵すことが本質的に悪いことと見なされる特別な行動パターンに対するコミットメントもあるだろう。しかしまた、行動自体についての固有の評価からではなく、——個人もしくは集団のいずれかに対する——その行動の手段としての重要性から生じる忠実さのような、別の行動パターンもあるだろう。この最後の考察は、外部性（や非市場的な相互依存）から生じるいくつかの標準的な経済問題における効率性の失敗にも関連している。右に述べた三つの要素のいずれかの侵害を含む、自己利益に基づく行動という想定から脱却することが経済分析のなかに体系的に受け入れられうるなら、これらの外部性を組み込む動機づけの問題は全面的に再定式化されなければならないであろう。

ここで本書を閉じることにする。私は、厚生経済学は倫理学にもっと注意を払うことで実質的に豊かなものになりうること、および、倫理学の研究も経済学とのより密接な交流から利益を得られることを論じようとしてきた。また、記述的かつ予測的経済学も、行動を決定するにあたって厚生経済学的考察を取り入れることで成果を得られる、とも論じてきた。私は、どちらを実行するのが容易であるかを論じようとはしなかった。両者は排除しがたい曖昧さを含み、問題の多くは本質的に複雑である。しかし、経済学をもっと倫理学に近づけるべきだと主張するのは、それが容易だからというわけではない。その主張の真価は、実際にそれをやってみることで得られるものに依存しているのである。そして私は、それによって得られるものがかなり大きなものであると期待できる、と論じてきたのである。

注

第一章　経済行動と道徳感情

（1）Robbins（1935, p. 148）参照。もちろん、ロビンズは、大方の見方に反することを認識していた〔なお、本書における引用については主として邦訳書を参照したが、文脈に合わせ一部改変したものもある〕。

（2）*The Nicomachean Ethics*, I.1-I.5；Ross による翻訳（1980, pp. 1-7）。アリストテレス『ニコマコス倫理学』上、高田三郎訳の岩波文庫（一九七一年）二二一二四ページを参照。

（3）アリストテレスは経済に関連した箇所で国家の役割について論じており、国家の目的はより質の高い生活を広範に促進することであるという考え方を堅持している［アリストテレス『政治学』III. ix, Barker（1958）訳、p. 117 参照］。

（4）『実利論』の正確な年代に関しては一部論争がある。現存の版は数世紀後に書かれたものらしく、カウティリヤを三人称で表してその説を引用している。これは初期の版から書き写したものとみられる。英語訳に関して、Ramaswamy（1962）, Shama Sastry（1967）参照。さらに、Krishna Rao（1979）および Sil（1985）も参照。

（5）本書はこの問題を中心的テーマとするものだが、むろんそれが現代経済学の直面する困難さの唯一の原因だと言うのではない。他の様々な問題を指摘したものとしては、Kornai (1971, 1985), Ward (1972), Hicks (1974, 1981, 1983), Schelling (1978), Elster (1978, 1979, 1983), Hahn and Hollis (1979), Simon (1979), Blaug (1980), Pitt (1981), Nelson and Winter (1982), Akerlof (1984), Helm (1984, 1985), Matthews (1984), McCloskey (1985)、さらに、方法論の問題に関しては、Robinson (1962), Latsis (1976), Bell and Kristol (1981), Dyke (1981), A. K. Dasgupta (1985), Steedman and Krause (1986), Woo (1986) を参照されたい。

(6) 特に、Hirschman (1970, 1982), Kornai (1971), Scitovsky (1976), Simon (1979), Elster (1983), Schelling (1984), Steedman and Krause (1986) を参照。

(7) すべての完結した順序が数値的に表現されているわけではない（この点に関しては、Debreu 1959 を参照）。

(8) これらの関係に関しては、Sen (1971, 1977a) を参照。さらに、Hansson (1968), Richter (1971), Herzberger (1973), Fishburn (1974), Kelly (1978), Suzumura (1983), Aizerman (1985), Schwartz (1986) 等を参照。

(9) もちろん、合理性にはこれより多くのものが求められるとみなされるが、それ以下とみなされることはないであろう。私たちが達成を図るものは、何らかの合理性評価の基準も満たす必要がある、と論じることができる（この点についてはBroome 1978, Parfit 1984, Sen 1985e を参照）。したがって、合理性を純粋に「手段的な」概念ととらえるだけではまったく不適切であることになろう。しかし、このような考え方がとられる場合でも、選択の「手段的」役割は条件の一つとして認められざるを得ない。「一致の合理性」とでも呼ばれるもの——目的と選択の一致——は、「十分」条件でもあるのか否かを問わず、全体として合理性の必要条件でなくてはならない（Sen, 1985e）。

（10）一九八四年の Econometric Society の会長講演で述べた。*Econometrica*（Sen, 1984c）に、「整合性」として所収。

（11）様々なタイプの「倫理的エゴイズム」に対する批判的論考に関しては、Williams（1985, pp. 11-15）参照。

（12）これに代わる他の構造を唱える様々な観点からの批判もなされている。Sen（1966, 1973a, 1974, 1977c）, Hirschman（1970, 1977, 1982, 1984, 1985）, Nagel（1970）, Kornai（1971）, Hollis and Nell（1975）, Leibenstein（1976）, Scitovsky（1976, 1985）, Baier（1977）, Hirsch（1977）, Ullmann-Margalit（1977）, Broome（1978）, Collard（1978）, Rose-Ackerman（1978）, Schelling（1978, 1984）, Wong（1978）, Elster（1979, 1983）, Hollis（1979, 1981）, Majumdar（1980）, Pattanaik（1980）, Solow（1980）, Winston（1980）, Dyke（1981）, Putterman（1981, 1986）, Van der Veen（1981）, Akerlof and Dickens（1982）, McPherson（1982, 1984）, Margolis（1982）, Akerlof（1983, 1984）, Douglas（1983）, Hindess（1983）, Frohlick and Oppenheimer（1984）, George（1984）, Helm（1984）, Parfit（1984）, Schick（1984）, Davidson（1985a）, Diwan and Lutz（1985）, Frank（1985）, Hirshleifer（1985）, Steedman and Krause（1986）。しかし、これら（とその他）の批判にかかわらず、純粋に自己利益的な行動という仮定は経済学の標準的仮

定として残り続け、標準的な経済理論および政策分析の基礎、さらには経済学を学ぶ学生のための教材に多くの基礎をもたらしていると言って差し支えない。

(13) スティグラー（1981, p. 176）参照。この後でスティグラーは、「効用最大化の仮説は……検証が困難である。その理由は、それ自体の曖昧さよりも、この仮説との整合性を検証できる、受け入れられている倫理的信念の枠組みがないからである」と述べている（pp. 189-190）。しかしながら、「効用最大化仮説」の定義において曖昧さがないのなら、その仮説を他者の利益への方向転換と照らし合わせて検証することは可能なはずである、と論じることができる。また、曖昧でないのなら、効用最大化仮説の正しさの検証に「受け入れられている倫理的信念の枠組み」と対比させる必要は存在しない。

(14) この点に関しては、Becker（1976, 1981）, Posner（1977, 1980）, Grossbard（1980）, Radnitzsky and Bernholz（1985）を参照。

(15) 実際、日本ではルールに基づく行動の遵守が、経済的な事柄ばかりでなく、社会的行為の他の分野においても見られる。たとえば、同じように裕福な国々と比較して、街でごみが少なく、訴訟が稀であり、弁護士の数が極端に少なく、犯罪率が低いのである。

(16) 進化論的観点は、この文脈において重要なものである。Hicks（1969）, Hirshleifer（1977, 1985）, Guha（1981）, Schotter（1981, 1985）, Nelson and Winter（1982）, Helm（1984）, Matthews（1984）を参照。生物学的文献については、Maynard Smith（1982）、さらにDawkins（1976, 1982）とWilson（1978, 1980）を参照。利潤を最大化する企業が生き残るとする単純な自然選

択説（たとえば、Friedman 1953 参照）には、進化の過程に伴うことが知られている複雑性を勘案した、大幅な修正が必要である。

(17) たとえば、Aumann and Kurz（1977), Becker（1983), Lindbeck（1985）を参照。また、Frey（1983）を参照。

(18) 多くの社会における伝統的な家族関係では、家族の一部、たとえば女性の側の一方的な犠牲が求められてきた。こうした伝統の存続は、ある特定の「倫理」の受容によって支えられていることが多い。そこでは、生活水準の不平等が容認できないものとはされていないようだし、認識および評価や受容の対象にさえなっていないこともある。伝統的社会の性的偏見を理解する上で、認識の問題は中心的問題であり、伝統的道徳に対して倫理的な挑戦を行うには認識論による議論が必要となる。これら相互に関係する事実的・道徳的問題に関して、私はSen（1984a, 1985b, 1985f）で、主にインドにおける証例から論じようとした。Kynch and Sen（1983）も参照。

(19) いわゆる「日本人のエートス」（Morishima 1982, Dore 1983）は、数人によるチームワークを伴う様々な経済活動に多かれ少なかれみることのできる、集団への忠誠心の特殊なケースを反映したものである。

(20) 経済学において用いられる効率の二つの主たる定義は、(1)いかなる生産も他の生産を減らすことなく増やすことはできないとする「技術的効率」（投入を負の産出として扱う）、(2)「パレート最適」と同じく、何人《なんぴと》の状態も他者の状態を悪くすることなくよくすることはできないとする「経済的効率」である。第二章において、「経済的効率」の考え方を批判的に検証する。
(21) 後者は、スティーヴン・リーコックの明るい戯詩の題材となっている。

アダム、アダム、アダム・スミス
私の訴えに耳を澄ませ!
あなたはある日の講義のなかで利己的であることで報われると言ったではないか?
それがあらゆる原理の中心だと
そうだろう、そうだろう、そうだろう、スミス?

アダム・スミスに対する一般的解釈をまざまざと示すこの詩に私の関心を引きつけてくれたE・ロストウ教授に深く感謝する。
(22) Stigler (1975, p. 237) を参照。
(23) ストア派の思想家がアダム・スミスに与えた影響に関してはRaphael and Macfie (1976, pp. 5-11) を参照、もちろんスミス (1790) 自身、ストア学派の文献を広範に引いている。
(24) 倫理学に対するストア学派的アプローチにおける自制のきわめて重要な役割、とくに感情の抑圧にかんしては、Nussbaum (1986b) を参照。
(25) 私はこの誤った解釈の本質をAdam Smith's Prudenceという論文 [Sen (1986b)] で論じた。Winch (1978) や Brennan and Lomasky (1985) も参照されたい。関連問題については、Hollander (1973), Raphael (1985), Skinner and Wilson (1975), Rosenberg (1984) を参照。
(26) Edgeworth (1881, p. 52) 参照。功利主義者としてのエッジワースは、功利主義について、一つの可能な倫理的アプローチとして言及しているだけだが、彼の考えにおける自己利益的計算と倫理的計算の間の全体的な対比は十分に明確である。Collard（1975）も参照。

（27）スミスは、彼の問題意識の多くの時代性をはっきりと強調している。実際、自らの言葉の時代的文脈に関して誤解が生じないよう、冷静に心を砕いていた観がある。現に、『国富論』の第三版に対する序文では「ものごとの現在の状態」に関する自らの見解の時代性を説明することにほぼすべての紙幅を割いている。「以下の著作の初版は、一七七五年の終わりと一七七六年の初めに印刷された。したがって、この本の大半を通じて、ものごとの現状が述べられている場合、それは当時かその少し前の時期の状態と理解されたい。しかしながら、この第三版で私は若干の加筆を行った。（中略）これらすべての加筆において、ものごとの現在の状態とは、つねに一七八三年と八四年初めの状態を意味する」（Campbell and Skinner の版において、Smith 1776, p. 8, 邦訳一七ページ）。

（28）飢饉の因果関係に関するスミスの複雑な考え方は、セン（1986a）において述べられている。

（29）人が十分な食料を得ることに失敗する原因は、「得ることの失敗」（たとえば失業や実質賃金の低下による所得の減少から起こる）によるものか、「対応の失敗」（商人が需要を適切に満たすのではなく、買い占めによって大きな利益が得られるように市場を操作する）のどちらかであると論じることができる。スミスの飢饉に関する分析から、彼が「得ることの失敗」から生じる飢餓の可能性を否定せず、「対応の失敗」の妥当性を退けたことは明らかである。したがって、飢饉を防ぐ政策に関する「スミス流」の真のメッセージは、政府が何も行動しないことではなく、補充的な所得を生み出すことで、犠牲者の「権原」を生み出すことである、と論じることができる。

ただし短期的な救援に関しては、急造の救援キャンプに被害者と食料を移送するというロジスティクな問題に国が取り組むことよりも、通常の労働と生活の場で現金を支給するとともに市場への食料供給を増やすことを重視している。この分析は、現在の政策論議にかなりの重みをもち、純然たる援助よりも、より生産指向の政策（食料だけでなく、食料と交換可能な他の商品も含めた）であることを示唆するものである。これら様々な政策のメリットとデメリットを判断するうえで、スミスの分析は今なお妥当性と重要性をもつ。これらの政策の選択（および現在の論議におけるスミスの経済分析の妥当性）に関して Sen（1986a）を参照されたい。

第二章　経済的判断と道徳哲学

（1）この原因は、多分、ライオネル・ロビンズ（1935, 1938）が強力に主張した次の言葉にある。「交換の理論は、私がパンに六ペンス払うことで得る満足と、パン屋が六ペンス受け取ることで得る満足とを何とか比較する必要があるとは言っていない。この比較は全く質が違う……これは、事前に取り扱い方が決められた価値判断を含んでいるから、本質的に規範的である」（pp. 138-9）。ところで、ロビンズは、実際には、このような比較が「規範的」もしくは「倫理的」であると強く主張することよりも、個人間比較は科学的に不可能であるという主張を認めさせることの方により強い関心をもっていた、という意見もあるが、見解の分かれるところである。効用の「規範的」比較の特徴、（特に、それがある明確な「規範」もしくは「よい」ことに対する見解に依存する特徴）に関しては、Sen（1982a、論文12と19）を参照。

（2）この問題については、Harsanyi（1955）, Graaff（1957）, Little（1957）, Suppes（1966, 1969）, Van Praag（1968, 1977, 1978）, Jeffrey（1971）, Van Praag and Kapteyn（1973）, Hammond（1977）, Ng（1979）, Sen（1979c）, Hare（1981）, Griffin（1982）, Suzumura（1983）, Kaneko（1984）, Nozick（1985）, Davidson（1986）, Gibbard（1986）を参照。個人間比較の可能性が一〇〇パーセントか〇パーセントかという極端なケースを想定する必要はない。部分的な個人間比較可能性の様々な構造や解釈は、Sen（1970a. 1970b）, Blackorby（1975）, Fine（1975a）, Basu（1979）, Bezembinder and van Acker（1986）に紹介されている。また、「不確実性」の比較可能性の問題に関してはLevi（1974）を参照。

（3）最近、不平等の規範的分析との関連で分配問題が再び大きな注目を集めている。中でも、Atkinson（1970, 1975, 1983）を参照。また、Fisher（1956）, Aigner and Heins（1967）, Theil（1967）, Kolm（1969, 1976）, Bentzel（1970）, Newbery（1970）, Tinbergen（1970）, Pen（1971）, Sheshinski（1972）, Dasgupta, Sen and Starrett（1973）, Rothschild and Stiglitz（1973）, Sen（1973b, 1976b, 1982a）, Muellbauer（1974, 1978）, Blackorby and Donaldson（1977, 1978, 1984）, Hammond（1976b, 1977, 1978）, Meade（1976）, Mehran（1976）, Pyatt（1976, 1985）, Bhattacharya and Chatterjee（1977）, Cowell（1977）, Graaff（1977）, Hansson（1977）, Fields and Fei（1978），Kern（1978），Archibald and Donaldson（1979），Bourguignon（1979），Dutta（1980），Deaton and Muellbauer（1980），Kakwani（1980b, 1981, 1986），Roberts（1980a），Shorrocks（1980, 1983, 1984），Nygard and Sandstrom（1981），Atkinson and Bourguignon（1982），Broder and Morris（1982），Mookherjee and Shorrocks（1982），Osmani（1982），Anand（1983），Eichhorn and Gehrig（1982），Jorgenson and Slesnick（1984a, 1984b），Le Grand（1984），Ebert（1985），Le Breton, Trannoy and Uriarte（1985），Shorrocks and Foster（1985），Foster（1986），Kanbur and Stromberg（1986），Maasoumi（1986），Temkin（1986）等を参照。貧困の測定に関する論文のなかには、とりわけ実際に測定している場合には、それに伴って生じる不平等の評価に特別の注意を払っているものもある。たとえば、Sen（1976a, 1981a, 1982a），Anand（1977, 1983），Taylor（1977），Ahluwalia（1978），Dutta（1978），Hamada and Takayama（1978），Takayama（1979），Thon（1979），Blackorby and Donaldson（1980），Fields（1980），Kakwani（1980a, 1980b, 1986），Clark, Hemming and Ulph（1981），Srinivasan（1981），Streeten（1981a），Osmani（1982），Kundu and Smith（1983），Foster, Greer and Thorbecke（1984），Chakravarty（1983a, 1983b），Foster（1984），Lipton（1985），Bigman（1986），Donaldson and Weymark（1986），Jorgenson and Slesnick（1986），Seidl（1986）その他を参照。

（4）個人間比較を一切行わずにパレート流厚生経済学を拡張する方法の一つに「補償テスト」がある。この場合、受益者が損失者に損失分を補塡してもなお余りが生じる可能性がある場合は社会的向上とみなされる（Kaldor 1939, Hicks 1939）が、社会の向上を判断するために考案されたこの基準には論理的矛盾がある(Scitovsky 1941, Samuelson 1950, Gorman 1955)。しかし、もっと基本的な問題は、単に損失者へ補償できるという可能性が、どうして社会を実際に向上させられるのか、という疑問である。損失者のなかには社会で最も貧しい人や最も惨めな人が含まれているだろうが、彼らに充分な補償が可能であるといっておきながら、それを実際に実施する計画がないとは何とも救いようがない。もし逆に、損失者が実際に補償されるなら、補償後の社会の状態はパレート的改善だから、パレート原理を補足する手段としての補償テストは不要になる。要するに、補償テストは説得力がないか不要かのどちらかである。個人間比較を実際に行わない限り、パレート最適を用いて分配問題を判断し、処理することはほとんど不可能である(Little 1957, Phelps 1973, Meade 1976, Ng 1979)。

(5) アロー(Arrow 1951a, 1963)の「不可能性定理」は、個人の選好を、いくつかの穏やかな合理的条件を満足しながら、矛盾のない完全な社会的選択に集計するという劇的な方法で、効用の個人間比較に関する極めて難しい問題を明らかにした。アローの先駆的業績の後、その結果の重要性を主張したり、不可能性からの脱出路を求めたり、その不可能性を拡張したり、関連する諸問題を研究したりした文献が大量に発表された。ここに含まれる様々な問題の特徴については、Hansson(1968), Sen(1970a, 1986e), Pattanaik(1971, 1978), Fishburn(1973), Brown(1975), Plott(1976), Gottinger and Leinfellner(1978), Kelly(1978), Pollak(1979), Blair and Pollak(1983), Chichilnisky and Heal(1983), Moulin(1983), Pattanaik and Salles(1983), Suzumura(1983), Dummett(1984), Peleg(1984), Hurley(1985b), Nitzan and

Paroush (1985), Elster and Hylland (1986), Schwartz (1986) その他を参照。

(6) Arrow (1951b), Debreu (1959), McKenzie (1959) を参照。また、Malinvaud (1961) も参照。これに関し優れた一般的説明が Arrow and Hahn (1971) にある。厚生経済学の様々な分野に関するこの結果、および、関連した結果の意味については、Ng (1979), Boadway and Bruce (1984) を参照。

(7) パレート最適を分配に関する判断で補完する場合、興味深く、また、重要なアプローチは、一つの「公正」基準として、誰も他人が享受する財の束を羨ましがらない、という基準を含むものである。これに関しては多くの研究がある (Foley 1967, Schmeidler and Vind 1972, Feldman and Kirman 1974, Pazner and Schmeidler 1974, Varian 1974, 1975, Svensson 1977, 1985, Feldman 1980, Suzumura 1983 その他)。羨ましがらないことが、豊かな生における大きな不平等と共存しうることに注意する必要がある。なぜなら、豊かな生を表す厚生関数のなかには個人間比較が含まれておらず、その比較は、「総合的」というよりはむしろ「状況」に依存するからである。$W_1(x)$ と $W_2(x)$ を各々個人1と個人2の厚生関数、x_1 と x_2 を個人1と個人2が各々享受する財の束とし、$W_1(x_2)>W_1(x_1)>W_2(x_2)>W_2(x_1)$ としよう。このとき、個人1は個人2の財の束を羨むが、個人2は厚生の点で明らかに個人1よりも劣るにもかかわらず、個人1を羨ましく思わない。さらに、$W_1(x_1)>W_1(x_2)>W_2(x_2)>W_2(x_1)$ とすると、個人2は明らかに個人1よりも劣る。この二つの例は、ともに、「羨ましがらない」条件を完全に満足している。経済的不運は、不具、病気、年齢、社会的差別、その他によってしばしば豊かな生を測る関数の多様性と関連しているので、公正基準の公正さには大いに疑問の余地がある。

（8） もっと簡単な問題は、たとえば、（特殊なものを除き）外部性の欠如や規模に関する収穫逓増がない等の、満たすべき関係に求められる仮定の厳密な性質に依存する。とりわけ、伝統的な資源配分の方法が限定的な性質を持つことは、近年、環境問題と自然資源に対する認識の高まりで明らかになってきている（Bohm and Kneese 1971, Mäler 1974, Dasgupta and Heal 1979, Dasgupta 1982a を参照）。

（9） 近年、「厚生経済学の基本定理」が、公共財、すなわち、ある人の消費が別の人の消費を減少させない財（たとえば、利用者の少ない公園の利用）をもカバーするように拡張されている（Green and Laffont 1979, Groves and Ledyard 1977, Dasgupta, Hammond and Maskin 1979 を参照）。これは素晴らしい成果だが、この類の結果は、多くの人々が出発点で適切な資産配分を選ぶ時に必要とされる情報に関して、本論で論じた効率性の結果に対する問題と全く同じ問題を抱えていることに気付かなければならない。これに関連した研究については、Gibbard（1973）, Satterthwaite（1975）, Pattanaik（1978）, Schmeidler and Sonnenschein（1978）, Laffont（1979）, Moulin（1983）, Peleg（1984）を参照。

（10） この問題は Sen（1970a）の第七章に示されている。また、Blackorby and Donaldson（1977）と Wittman（1984）も参照。

（11） 事実、厚生主義は、効用の個人間比較を含んだり含まなかったりする枠組みに適用することで、アローの独立性の条件と広範性の条件、およびパレート原理から導き出される（Guha

1972, Blau 1976, d'Aspremont and Gevers 1977, Deschamps and Gevers 1978, Sen 1977b, 1979a, Gevers 1979, Roberts 1980a, d'Aspremont 1985）。

(12) この点については、Sen（1970a, 1979b）, Williams（1973a, 1981）, Scanlon（1975, 1982）, Broome（1978）, Dworkin（1978, 1981）, Slote（1983, 1985）, Parfit（1984）, Gauthier（1986）その他も参照。

(13) 効用の定義はもちろん様々である（Ramsey 1931, Pigou 1952, Harsanyi 1955, Gosling 1969, Starr 1973, Hare 1981, Griffin 1982, Hammond 1982, Mirrlees 1982 を参照）。この多様性は功利主義的解釈の豊かさに起因する。しかしながら、効用に基づく計算を擁護する人の中には、「効用」という用語を、我々が価値を与えたいと思うものなら何でも含むように定義し直そうとする誘惑にかられている人がいるようだ。これは、効用に基づく倫理的計算を擁護する立場からすればトートロジーで、議論はほとんど何も進展しない。しかし、「効用」は、幸福や欲望充足の測定法にはあまり具体的な関わりはもたないが、豊かな生を簡便に測る基準としては役立ちうる（たとえば、Hammond 1982 を参照）。この「効用」という言葉が、「社会的厚生関数」の枠組みのなかで、豊かな生に基づく様々な規則を公理的に導くのに用いられてきたのは、その一般的な形式にある（たとえば、Sen 1970a, 1977b, Hammond 1976a, Strasnick 1976, Arrow 1977, d'Aspremont and Gevers 1977, Deschamps and Gevers 1978, Maskin 1978, Gevers 1979, Roberts 1980a, Myerson 1983, Blackorby, Donaldson and Weymark 1986, d'Aspremont 1985 を参照）。

(14) 私はこの問題をデューイ講義、*Well-being, Agency and Freedom* の序文でもっと広範に議論している。

(15) 効用は、豊かな生の面からよく説明されるが、人の行為を反映していると見た方がもっとよく理解されるかもしれないとも言える。この見方では、効用を「幸福」とか「喜びや悲しみ」で表すのがとりわけ難しく、また、「欲望実現」を表すことも簡単ではない。しかし、「選択」は、必ずしも豊かな生とは関係しないが、行為の実行を表すとみなされるので、より直接的な展望を与えるだろう。それは、もちろん、効用を選択という行為から解釈することが（たとえば、「顕示選好」理論におけるように）普通にみられるということではない。実際、選択は、まさに豊かな生との一致性が強く主張されるがゆえに、典型的な功利主義的見方では重要だとみられている。しかし、標準的な見方から離れると、効用に基づく計算を豊かな生よりも行為主体の方により強く結びつけて選択を解釈することもでき、（このように解釈された）「効用」は、この場合、行為の重要性に基づいて評価される。しかしながら、行為の側面は価値評価の注意深い検証を必要とするので、任意の選択を価値ある行為の反映と見なすやり方ははっきり言って不適切である。さらに、行為の重要性は、目標達成を目指すという視点からではそのすべてを捉えることができないだろうし、選択関数の数値表現ほど粗っぽい「最大化」ではない別のやり方が必要になるだろう（この点に関しては、Sen 1982b, 1983c および本書第三章を参照）。それにもかかわらず、この見方は効用に基づく倫理的な計算に対する異なる解釈の基礎として役に立つ。もちろん、行為の面から効用を考える限り、それは同時に豊かな生を反映することができないので、現実的な倫理学において豊かな生と行為主体という二元的な基礎を理解する場合、——いかに解釈しようとも——効用に基づく計算に頼れなくなる。成果と自由の二重性も「一元論者」の効用を基礎とする計算の枠組みの中では捉えられない。一つの効用値がもつ情報は——それが如何に言い換えられようとも——極めて限定されていることは明らかである。

(16) 私はこれらの問題をSen (1980, 1985a) で議論し、同時に、有益な機能を達成するケイパビリティの枠組みのなかで豊かな生に代わる概念も探求している。そこでは、古くはSmith (1776, 1790) とMarx (1844, 1875, 1883)、もっと古くはアリストテレス (これに関しては、Nussbaum 1986cを参照) が探求した考えを発展させているが、測定とウェイト付けに関し多くの問題を含んでいる。これらは難しい問題だが克服できなくもない (Sen 1985b)。このような豊かな生に対する見方は、厚生経済学にとってだけでなく、生活水準、貧困、不平等、性差別、社会正義の評価にも極めて有効である (Sen 1981a, 1983a, 1983d, 1984a, 1984b, 1985b, 1985c, 1985f, 1986eを参照。また、Keith Hart, Geoffrey Hawthorn, Ravi Kanbur, John Muellbauer, Bernard Williamsによる議論については、Sen et al. (1987) を参照)。

(17) ここでは、選択に際し、立場を変えてみたときに効用の意味がどう変わるかは考察していない。この方法を効用の個人間比較に用いるのは難しい。なぜなら、人々は実際には誰か別の人の立場に立って選択するという場面に直面しないからである。自分を別の人に置き換えて選択を行う方法を導入することで、選択の枠組みを (Vickrey 1945やHarsanyi 1955が巧妙に行ったように）個人間比較に拡大することができる。しかし、このような極端に非現実的な選択を理解するのは非常に難しく、また、全く不適切である。さらに、選択は、少なくとも部分的にはそれに至る動機に依存しているに違いないから――根底にある動機に一切触れず――選択から豊かな生へ即座にしてかつ簡単な置き換えが存在するかどうかは明らかでない。一四二頁の注15も参照。

(18) 人の優位性を判断するには様々な方法があるが、それらは不平等と不正義に対する我々の評価の性質にも影響する。(Weale 1978, Rae 1981, Fishkin 1983, Walzer 1983 のような) 多くの研究者は、平等のもつ複数の概念を強く指摘してきた。これは注目に値する。平等の概念が複数存在する原因は、しばしば平等それ自体の性質にではなく、人の優位性の概念のなかにある。もし優位性が異なって見えるなら、平等の評価も異なっているに違いない。優位性の概念に依存する他の「派生的な」概念にも――全面的あるいは包括的に――同じ複数性が適用できるだろう。実際、この点について、「効率性」の概念も、平等と同じようにいくつかの解釈がありうる。なぜなら、全員共通に、より有利で実行可能な状態が存在しないのは、選択された優位性に完全に依存するからである。たとえば、優位性が効用に等しいと、効率性はパレート最適に一致する。優位性の概念が変わると、平等の内容が変わるように、効率性の内容も変わってしまう。優位性の概念は、もちろん、スカラーで表される必要はなく、ベクトルまたは n 次元で表現してもいいから、それは競合するいくつかの解釈と同様、ある「構造的複数性」を含むだろう。これらの問題は Sen (1980, 1982a, 1985b) で議論されている。

(19) 道徳と天与の権利に関するベンサムの議論については、Harrison (1983, 第Ⅳ章) を参照。Marx (1843) は「いわゆる人間の権利」をベンサム同様徹底的に退けているが、同時に積極的自由一般の重要性を強調した (Marx 1844, 1875, Marx and Engels 1845-6)。二人が対照的なのは、よく「基本的人権」とみなされるものを提示し支持する際、マルクスが政治情勢の役割を強調した点にある。一方、マルクス自身の道徳哲学は、「自由の倫理学」と呼ばれてきたものと深く結びついていた (Brenkert 1983)。マルクスの権利と自由に対する複雑なアプローチに関する様々な見方については、Bose (1975), Cohen (1978), Buchanan (1982), Roemer (1982), Lukes (1985), Elster (1985) を参照。

(20) Waldron (1984) は、この問題に関する有益な論文を収集し、解説の序文を付けている。Feinberg (1980) と Gauthier (1986) も参照。関連した問題については、Atkinson (1975, 1983), Archibald and Donaldson (1979), Pettit (1980), Dasgupta (1982b, 1986), Wiggins (1985) を参照。

(21) 実際、主流派経済学は、逆に、より単純な――より「直接的な」――解釈に集中して、功利主義それ自体のより複雑で洗練された解釈、たとえば、「間接的な関係」を含む解釈さえ無視する傾向があった (たとえば、Sidgwick 1874, Hare 1981, Hammond 1982, Harsanyi 1982, Mirrless 1982, Raz 1986 を参照)。

(22) しかしながら、自由と権利の兼ね合いは、自由主義者に感化された理論家たち、たとえば、Hayek (1960), Nozick (1974), Friedman and Friedman (1980), Buchanan (1975, 1986) らの

注意をひいた。Buchanan and Tullock（1962）, Usher（1981）, Brittan（1983）, Sugden（1985）をも参照。自由と権利に対する自由主義者のアプローチが（Sen 1983a, 1985c で論じたように）たとえ独断的に制限されているにしても、彼らの著作や関連した研究が、経済学に対する主たる創造的影響力として、また、正統派功利主義者に対する手強い挑戦者として、大きな役割を果たしてきたことには全く疑問がない、と私は信じる。権利と自由の役割に対する関心を再燃させた別のグループは、社会的選択理論の研究者たち、たとえば、Sen（1970a, 1970c, 1976c, 1983a）, Ng（1971）, Batra and Pattanaik（1972）, Peacock and Rowley（1972）, Nozick（1973, 1974）, Bernholz（1974, 1980）, Gibbard（1974）, Blau（1975）, Fine（1975b）, Seidl（1975）, Campbell（1976）, Farrell（1976）, Kelly（1976a, 1976b, 1978）, Aldrich（1977）, Breyer（1977）, Perelli-Minetti（1977）, Ferejohn（1978）, Karni（1978）, Stevens and Foster（1978）, Suzumura（1978, 1980, 1983）, Austen-Smith（1979, 1982）, Mueller（1979）, Barnes（1980）, Breyer and Gardner（1980）, Breyer and Gigliotti（1980）, Fountain（1980）, Gardner（1980）, Green（1980）, McLean（1980）, Weale（1980）, Gaertner and Krüger（1981, 1983）, Gärdenfors（1981）, Hammond（1981, 1982, 1985）, Schwartz（1981, 1986）, Sugden（1981, 1985）, Levi（1982, 1986a）, Wriglesworth（1982, 1985）, Chapman（1983）, Krüger and Gaertner（1983）, Basu（1984）, Gaertner（1985, 1986）, Kelsey（1985）, Schotter（1985）, Barry（1986）, Elster（1985）, Hylland（1986）, Mackie（1986）, Webster（1986）であった。Wriglesworth（1985）には、彼自身の研究成果に加えて、わかりやすい解説が付けられている。

(23) 私はこの点についてSen（1970a, 1979a, 1979b）で検証した。厚生主義の擁護に関しては、Harsanyi（1976）, Hare（1981）, Ng（1981）, Mirrlees（1982）を参照。Smart and Williams（1973）とSen and Williams（1982）には様々な議論が紹介されている。また、Riley（1986）とRoemer（1986a, 1986b）も参照。

(24) Sen（1970a, 1985a）, Scanlon（1975）, Broome（1978）, Schwartz（1982）, Nussbaum（1986c）等を参照。また、「基礎的必要性」を満たすような「客観的」成果の基準を扱っている開発経済学の文献（たとえば、Sen 1973c, Adelman 1975, Fishlow 1978, Grant 1978, Streeten and Burki 1978, Morris 1979, Chichilnisky 1980, Streeten 1981a, 1981b, Dasgupta 1982b, Anand 1983, Bardhan 1984, Stewart 1985）を参照。個人選好の測定法を越え、「価値の欠乏」を満たすことに特別な価値を与えるケースをMusgrave（1959）が提案している。最低生活の条件に注意を集中することはPigou（1952）自身の分析（もっとも彼はこれらの成果を究極的には効用に関係づけたけれども）に遡る。真の問題は、基礎的必要性が適切に達成されるか否かにあるのではなく、その考えの基礎にある。私はこの疑問をSen（1985a, 1985b）で議論した。

(25) 「消極的自由の積極的概念」に該当するケースがSen（1981b, 1982b）で論じられている。Usher（1981）, Dasgupta（1982b, 1986）, Hammond（1982）, Frey（1983）, Helm（1986）, Raz（1986）をも参照。

(26) Kanger（1957, 1972）, Kanger and Kanger（1966）, Rawls（1971）, Lindahl（1977）, Dworkin（1978）, Haksar（1979）, Feinberg（1980）, James（1982）, Wiggins（1985）, Goodin（1985）,

Gauthier (1986), O'Neil (1986), Raz (1986) も参照。
(27) これらの疑問は第三章でさらに追求される。

第三章 自由と結果

(1) 私はデューイ講義で、規範的評価のためにこの両側面を考えることの必要性を論じた(Sen 1985a, pp. 185-7, 203-8)。

(2) これとは別の自由の見方は、他の可能な選択肢に注目し、「精妙な」方法で「機能」を性格づけることである (Sen 1985a)。たとえば、yが選べるときにxを選択するということは、yがない場合にxを選択することとは異なる。実際、普段用いられる言葉は、時々「精妙な」形をとる。たとえば、「断食」はただ飢えるということではなく、飢えないという選択肢があるのに食を断つことである。その「精妙な」表現のなかに「選択」の要素を暗に含むがゆえにこそ、断食は他の種類の飢えとは異なる評価を受けることになろう。

(3) 私はデューイ講義で、この四分類の異なる役割を論じた (Sen 1985a)。

(4) シュタイナー (Steiner 1983) は主要な問題を特定し検証している。

(5) 倫理学においてよく論じられてきた「共約可能性」の問題は、この二つの異なる視点——財の記述的同質性と、完全かつ整合的な全体の序列づけ——の両者を含むように思われる。この二つはともに、古代ギリシアの哲学や文学など、古くから倫理学的論考において論じられてきたものである (この点についてはNussbaum 1984, 1985, 1986a 参照)。また、Williams

(1973b, 1981), Berlin (1978), Nagel (1979), Marcus (1980), Searle (1980), Hampshire (1982), Taylor (1982), Foot (1983), Steiner (1983), Levi (1986a) 等をも参照。

(6) 多様な財の束を順序づけることは、もちろん経済学の標準的な手法の一つである(Deaton and Muellbauer 1980 参照)。たとえば、財の束はその財の特性の組成によって異なり、特性の多次元性に応じて完全に順序づけられると考えられるだろう (Gorman 1956, 1976, Lancaster 1966, 1971 を参照)。伝統的アプローチでは、順序は同質的対象、すなわち満足の総量を反映するものとみなされているが、現代の消費理論ではそうしたものは求められない。そこでは、「効用」とは単に一つの順序 (具体的には選択によって明らかにされるもの) が実数値で表現されたものにすぎない。個々の場合においては様々な特性をもつ財の束の順序づけは問題を含むことも含まないこともあるが、順序づけする場合に記述的同質性を必要とするものでないことは明らかである。

(7) Sen (1980, 1985a, 1985b) を参照。そこで述べられている機能とケイパビリティというアプローチは、機能に関するアリストテレスの分析 (『政治学』第三巻) と共通点をもつとみることができる。アリストテレスのアプローチの検証と今日の豊かな生に関する議論との関係については Nussbaum (1986c) を参照。

(8) しかしこの種の比較考量は、判断に伴う犠牲の性質を的確に認識する必要があるので、「悲劇的な選択」も含むものである (Calabresi and Bobbitt 1978 による啓発的な説明を参照)。Isaac Levi (1986a) は、比較考量によっても対立が解決されない「厳しい選択」における行動決定に関して、これと関連する問題を非常に詳しく検討している。

(9) Bernard Williams (1973b, 1981, 1985), Martha Nussbaum (1985, 1986a) を参照。関連する問題に関して、Lemmon (1962), Walzer (1973), Elster (1979, 1983), Nagel (1979), Marcus (1980), Searle (1980), Hare (1982), Finnis (1983), Slote (1983, 1985), Steiner (1983), Levi (1986a), Steedman and Krause (1986) も参照。

(10) 私は以前、「部分順序」のアプローチの有用性と適切性について論じた(Sen 1970a, 1970b, 1985a, 1985b)。与えられた集合のなかに「最良」の要素が存在するために完結した順序は必要ないことも、ここで記しておかなければならない。最適な選択を損なうことなく、一定の非整合性と不完全性が受け入れられることもありうる。関連する分析的問題については、Sen (1970a, 1971, 1982a, 1984c, 1986c), Fishburn (1973), Plott (1976), Schwartz (1976, 1986), Kelley (1978), Pattanaik (1978), Moulin (1983), Suzumura (1983), Peleg (1984), Aizerman (1985) を参照。本当に難しい問題が生じるのは、(不完全性、過剰な完全性、推移性の欠如のために)選択すべき集合の中に「最良」の要素が存在しない場合である。この点および関連事項については、Sen (1984c), Levi (1986a) を参照。

(11) この点については Williams (1985), Nussbaum (1986a) を参照。

(12) 特に Keeney and Raiffa (1976), Kahneman, Slovik and Tversky (1982) を参照。また Allais (1953), Allais and Hagen (1979), Davidson, Suppes, and Siegel (1957), MacCrimmon (1968), Kahneman and Tversky (1979), Arrow (1982, 1983) も参照。関連する諸問題につい

ては、Levi (1974, 1982, 1986a, 1986b), Machina (1981), Bell (1982), Loomes and Sugden (1982), McClennen (1983), Schelling (1984), Davidson (1985b), Sen (1985e) を参照。その他、Stigum and Wenstop (1983), Daboni, Montesano and Lines (1986) に所収の諸論文をも参照。

(13) 私は Sen (1984c, 1985d, 1985e) において、この方向で論じた。その他、Machina (1981), Broome (1984), Hammond (1986) も参照。

(14) このような義務を受け入れることは、もちろん功利主義的な推論にも基づくだろう。なぜなら、——権利だけでなく——Bの効用もAによって侵害されるからである。この例を挙げた目的は、功利主義的議論と比べることなく、様々なタイプの権利に基づく推論を比較するためである。しかしながら、その目的が——非結果主義の義務論的権利の定式化に対してだけでなく、功利主義に対しても——権利に基づく推論の優位性を示すことであるのなら、この例は、Cの介入に功利主義的理由を与えないように拡大することができる。権利の侵害者（あるいは、より現実的には多くの権利の侵害者たち）の得た効用の総計を犠牲者Bの失った効用よりも大きくすれば、容易に「行動功利主義」になり得る。この例は、（効用の総計を最大化する功利主義者だけではなく）平等を意識した厚生主義者でさえ、Cの介入を促す理由をもたないようにも構成できる（たとえば、犠牲者Bは非常に裕福で、ルンペンたちに襲われようとも裕福なままでありうる）。間接的な功利主義者および厚生主義的立場にはさらなる考察が必要だが、これもまた、この種の例で説明しようとしている目的を損なうことなくできる。すなわち、権利の充足と侵害を結果主義的枠組みに組み込むことがもつ特別な優位性を示すことである。こうした問題については、Sen（1982b, 1983c）でより詳しく論じている。

（15） Steiner（1986）は、私の提案を批判的に検討し、重要な示唆を与えている。彼の論文が発表されたセミナー（一九八六年二月、Louvain-la-Neuve における）では、私が追求してきたアプローチについて、その他にも（とりわけ Jos de Beus から）興味深い検討があった。セミナーの主催者（Leo Apostel と Philippe Van Parijs）および参加者に最大の謝意を表したい。

（16） この点については、Sen（1979a, 1979b, 1985a）および Sen and Williams（1982）の「序文」を参照。

（17） Sen（1982b, 1983c, 1985a）を参照。Samuel Scheffler（1982）は、何かをすることを許容することとそれを義務づけることとの区別を擁護し、結果主義は義務よりも許容の方にはるかに適していると説得力豊かに論じている。ある行為が全体として最良の結果をもたらす場合、その行為をすることが道徳的に自由であることは否定しがたいが、それは、全くその通りに行う義務があると主張することとは別である。Slote（1985）も参照。

（18） この点は Sen（1982b）によって提示され Sen（1983c, 1985a）でさらに分析されている。Regan（1983）, Garcia（1986）, Steiner（1986）も参照。

（19） Williams（1973a, 1981）, Nagel（1979, 1980）, Parfit（1984）を参照。ここで付け加えるべきなのは、Philippa Foot（1985）がその興味深い論文で、Sen（1982b）による「目標―権利体系」は、そうした体系が認める位置の相対性に適切な注意を払っていないことに依存しているように思われる、と批判していることである（Sen 1982b, pp. 33-8 および Sen 1983c も参照）。

(20) これらの区別と関係は Sen（1985d）で検討されている。

(21) その他、「囚人のジレンマ」に含まれる問題の本質に関しては、Baumol（1952）, Sen（1961, 1967a, 1974）, Marglin（1963）, Watkins（1974, 1985）, Taylor（1976）, Weymark（1978）, Doel（1979）, Hardin（1982）, Bacharach（1985）, Campbell and Snowden（1985）, Gauthier（1986）も参照。

(22) 「囚人のジレンマ」状況は、双方がともに非常に「道徳的」で、自身の豊かな生の最大化だけを図っているのではないときでも生じうることに注意されたい（この点については Parfit 1984 を参照）。実際、囚人のジレンマにおいて決定的に重要なのは「自己中心的な厚生」や「自己厚生の目標」よりも「自己目標の選択」であることがすぐわかる。異なる道徳的目標の順序をもつ二人が囚人のジレンマに巻き込まれ、ともに自己目標の選択を追求するなら、すべて通常通りの結果になるだろう。これを、囚人のジレンマには道徳的な解決策がないことを意味していると解釈すべきではない。なぜなら、道徳は単に、一連の目標の選び方という問題だけでなく、一方では意識的行為と規則に従った行動の間の関係の問題、他方では目標や目的、価値などの問題でもあるからである。目標と選択の一致という問題は、結果主義の一般的文脈（Williams 1973a 参照）だけでなく、他人の目標を自分自身の目標と照らし合わせて、自分の行為の意味を評価する場合にも生じる（Sen 1974, 1983a, Gauthier 1986 を参照）。特に個人の可能な順序づけのメタ順位づけを考える必要性は、その可能な順序づけが、たとえ個人の豊かな生の反映ではなく異なる道徳的順序である場合であっても生じる。様々なメタ順位づけの概念とその批判的検討については、Frankfurt（1971）, Jeffrey（1974）, Sen（1974, 1977c）, Baier（1977）, Baigent（1980）, Majumdar（1980）, Pattanaik（1980）, Hollis（1981）, Van der Veen（1981）, Hirschman（1982）, McPherson（1982, 1984）, Schelling（1984）, Schick（1984）を参照。選択された一つの順序づけの情報内容の少なさについての一般的論点は、道徳的順序づけにも当てはまる（Sen 1984a）。

（23） Taylor（1976）, Basu（1977）, Radner（1980）, Smale（1980）, Axelrod（1981, 1984）, Hardin（1982）, Kreps, Milgrom, Roberts and Wilson（1982）の興味深い貢献を参照。

（24） Sen（1973a, 1974）, Watkins（1974, 1985）, Ullmann-Margalit（1977）, Levi（1982）, Binmore（1984）, Parfit（1984）を参照。社会的通念の性質に関する諸問題については、Lewis（1969）と Gilbert（1983）による別の解釈を参照。

（25） 私は Sen（1985d, 1986d）において、この方向での分析とそのいくつかの意味を追求しようとした。

（26） この曖昧さは厄介なものではない。事実、「囚人のジレンマ」的状況における実際の結果も様々である。二つの強力な原理の不可避的な相反が、合理性の要求に関する曖昧さを避けがたいものにしている。

（27） 「規則功利主義」の枠組みを取り入れて、功利主義的計算自体のなかに規則遵守を組み込む論考が、「間接的功利主義者」（とりわけ Harsanyi 1982, 1983, Hare 1981, 1982）によってなされている。この動きは、功利主義の論考の視野を拡大するのに、また行動に基礎を置く功利主義の特別な愚かしさのいくつか（この点については Gibbard 1965 を参照）を避けるのに役立つ。しかし、いくつかの深刻な問題があることも忘れてはならない。第一に、本質的に「規則結果主義」と「厚生主義」の混合物である「規則功利主義」に内在する「厚生主義」は、このような範囲の拡大を制約する。なぜなら、個人が実際に効用情報の観点だけから事態を評価するとは限らないからである。第二に、いかなる種類の「規則功利主義」も、行動に基礎を置く推論から生じるよりも悪い状況（非効率的な制約として働く「規則」）をときとして生み出しうる。そうした例は実際によくある（Lyons 1982 参照）。Harsanyi（1977）の詳細な「規則功利主義」の定式化は、異なる個人の立場における基本的対称性に基づくものだが、非対称的な状況においては逆効果を生み出しうる。「行動結果主義」にせよ「規則結果主義」にせよ、一般にそれに従うことが、いかなる状況においても「機能」しうるわけではない——実際、「単焦点結果主義」はそうである（Sen 1979b）。関連する事項に関しては Regan（1980）, Parfit（1984）を参照。「社会的合理性」とでも呼ばれるものは、不確定な社会状況——とりわけ行動、結果、評価の関係のなかで得られる対称性と非対称性の性質——により明確な注意を払っているので、さらに複合的な定式化を必要とする。

人名・用語解説

【人　名】

アリストテレス　Aristotelēs（前三八四―前三二二年）

古代ギリシアの哲学者、科学者である。論理学、形而上学、倫理学、政治学、修辞学、詩学、生物学、動物学、物理学、心理学といった幅広い分野で業績を残している。中でも論理学、形而上学はその後の哲学的論議の基礎を築いた。『オルガノン』、『形而上学』、『ニコマコス倫理学』などが主著であるが、『政治学』のなかで今日の経済学や経済社会学にあたる学問を展開した。

アロー　Kenneth Joseph Arrow（一九二一年―）

アメリカの理論経済学者である。一九七二年に一般均衡理論と厚生経済学に関する先駆的業績によりノーベル経済学賞を受賞した。ハーバード大学などを経てスタンフォード大学教授。社会的選択理論の創始者であり数理計画法でもハーヴィッツ、宇沢弘文とともに基本理論を構築した。一般均衡理論では均衡の存在、安定性に重要な貢献をした。不確実性の経済学の創始者の一人でもある。一九五一年に出版された『社会的選択と個人的評価』でその後の社会的選択理論の基礎を築いた。［主著］*Social Choice and Individual Values*, 1951；*General Competitive Analysis*, (with M. F. Hahn), 1971.

エッジワース　Francis Ysidro Edgeworth（一八四五―一九二六年）

イギリスの経済学者、統計学者である。オックスフォード大学で教鞭をとり、王立経済学会の機関誌 *Economic Journal* の初代編集者として活躍。無差別曲線、契約曲線などの新しい分析用具を用いて数理経済学に貢献するとともに、独占、国際貿易などの分野でも独創的な研究を残した。［主著］*Mathematical Psychics*, 1881 ; *Papers Relating to Political Economy*, 3vols., 1925.

カウティリヤ

前四世紀後半～前三世紀初めのインドの政治家、政治理論家である。生没年不詳。チャーナキヤ、ビシュヌグプタとも呼ばれる。バラモン身分の出身。伝説によると、ナンダ朝の王から受けた屈辱に報復するため、青年チャンドラグプタを助けてこの王朝を倒したという。新王朝（マウリヤ朝）成立後には、宰相として王チャンドラグプタを補佐し、インド最初の統一帝国の建設に尽力した。政治家としてのカウティリヤは、権謀術数を巧みに用いたことで知られる。彼の著作と伝えられる政治論書『実利論』は、目的（領土の獲得と維持）のためには手段を選ばぬマキアベリ的な政治哲学に立って書かれている。しかし、現存の書物は後三世紀ごろに編まれたものらしい。

クールノー　Antoine Augustin Cournot（一八〇一―七七年）
　フランスの経済学者、数学者、哲学者である。微積分学を初めて有効に経済学に応用し、その方法はワルラス、マーシャルをはじめ多くの数学的な経済理論に影響を与え、数理経済学の創始者といわれる。独占価格の決定、複占の理論など、独自の学説を展開し、その後の発展の基礎となった。［主著］*Recherches sur les principes mathématiques de la théorie des richesses*, 1838.

ケネー　François Quesnay（一六九四―一七七四年）
　フランスの経済学者で、重農主義の創始者である。マクロ的な経済循環を一枚の表としてまとめた経済表は有名で、のちのマルクスの再生産表式やレオンチェフの産業連関表などの原点であるといわれている。［主著］*Tableau économique*, 1758.

スティグラー　George Joseph Stigler（一九一一―九一年）
　アメリカの経済学者である。シカゴ学派の代表者の一人である。産業組織や公共的規制措置と市場の機能との関係を研究するとともに情報の経済学を開拓したことで、一九八二年度ノーベル経済学賞を受賞した。［主著］*Production and Distribution Theories*, 1941 ; *The Organization of Industry*, 1968.

ノージック　Robert Nozick（一九三八―二〇〇二年）

アメリカの哲学者、法哲学者である。彼の出発点は、合理的な意思決定はどのようになされるべきか、といういわゆる「意思決定理論」の問いである。これを国家成立の場面に拡張し『アナーキー・国家・ユートピア』を著した。そして、ロック的な自然状態論を採用しながら、果たして国家なるものが必要なのか、というアナーキズムの問いをたてる。彼は、互いに不可侵な個々の権利主体を絶対の基礎としながら、自然状態の不都合に直面した個々人が「保護協会」や「最小国家」に加入していく「見えざる手」的な過程を描き出していく。その過程で未加入の独立人も存在しうるが、保護協会は、加入者を保護するためにそうした独立人に対して権利制限を加えながらも、その賠償として彼らにまで保護サービスを広げることになる。かくして誰の権利も侵害しない最小国家が正当に生成する。このように成立する国家は、財の取得と移転の「権原（エンタイトルメント）」についての正義のみを保護すべきであって、それを超えた分配の正義は最小国家の越権と見なされる。このノージックの国家論は自由至上主義と呼ばれ、ロールズの正議論と鋭く対立している。

ヒックス　John Richard Hicks（一九〇四―八九年）
　イギリスの理論経済学者である。新古典学派を代表する経済学者で、IS-LM 分析の創始者として知られる。ワルラス、パレート流の一般均衡理論を発展させ、また景気理論や経済成長論でも業績を残す。これらの業績により一九七二年度ノーベル経済学賞を受賞した。［主著］*Value and Capital*, 1939 ; *A Contribution to the Theory of the Trade Cycle*, 1950 ; *Capital and Growth*,

1965.

ペティー　William Petty（一六二三—八七年）
　イギリスの経済学者で、政治算術の創始者の一人であり、統計的経済分析の基礎を築く。いわゆる「ペティーの法則」は有名である。［主著］*A Treatise of Taxes and Contributions*, 1662 ; *Political Arithmetick*, 1690 (1676).

ベンサム　Jeremy Bentham（一七四八—一八三二年）
　イギリスの功利主義を代表する法学者、経済学者、社会思想家である。最大多数の最大幸福という功利主義の立場とその立場からの政府論を確立した。この原理は、リカードやミル（J. S. Mill）ら古典派経済学者に影響を与えたともいわれている。［主著］*An Introduction to the Principles of Morals and Legislation*, 1780.

マルクス　Karl Heinrich Marx（一八一八—八三年）
　ドイツの経済学者、哲学者である。唯物史観、唯物弁証法に基づいて資本主義の運動法則を明らかにし、科学的社会主義を提唱した。彼の思想は、マルクス主義として後世の社会科学のさまざまな分野にわたる大きな潮流を形成した。［主著］*Ökonomisch-philosophische Manuskripte*, 1844 ; *Zur Kritik der politischen Ökonomie*, 1859 ; *Das Kapital*, 3 Bde., 1867-1894.

ミル　John Stuart Mill（一八〇六—七三年）

イギリスの経済学者であり、哲学者である。後期古典学派の代表者の一人で、古典派経済学の集大成者で漸近的改良主義者である。功利主義から出発して、ロマン主義、社会主義的な考え方を摂取し、理論に裏付けられた独自の社会改革論を提唱した。［主著］*Principles of Political Economy*, 1848；*On Liberty*, 1859；*Essays on Some Unsettled Questions of Political Economy*, 1884.

リカード　David Ricardo（一七七二—一八二三年）

イギリスの古典派経済学者である。投下労働説を基礎にして、地主、労働者、資本家の三階級へ地代、労働賃金、利潤が分配される原理を明らかにし、さらに資本蓄積に伴う三階級の分配の変化を解明した。また比較生産費説を展開した。主著『経済学および課税の原理』によって古典派経済学の完成者としての地位を得た。

ロビンズ　Lionel Charles Robbins（一八九八—一九八四年）

現代イギリスの指導的経済学者の一人であった。ロンドン学派の創設者の一人である。稀少性概念を中心に経済学の方法論を展開したこと、ピグーの厚生経済学批判で著名な処女作『経済学の本質と意義』を著し、新厚生経済学への途を開いたことで有名である。［主著］*An Essay on the Nature and Significance of Economic Science*, 1932；*The Theory of Economic Policy in*

English Classical Political Economy, 1952.

ワルラス　Marie Esprit Léon Walras（一八三四―一九一〇年）
　フランスの経済学者であり、ローザンヌ学派の始祖である。鉱山学校中退後、ジャーナリスト、銀行員などを経て、三六歳でスイスのローザンヌ・アカデミーに奉職した。ジェヴォンズやメンガー、マーシャルとともに限界革命を起こし、市場の一般均衡をはじめて連立方程式によって定式化し、一般均衡理論の開祖となった。ローザンヌでの彼の後任はパレートである。［主著］*Éléments d'économie politique pure, ou théorie de la richesse sociale*, 1874-1877; *Études d'économie politique appliquée*, 1898.

【用　語】

アローの不可能性定理　Arrow's impossibility theorem
　アローは『社会的選択と個人的評価』（1951）で、投票の逆理を一般化することにより、個人の選好を集計して合理的、民主的に社会の意思決定を行うことが可能か否かを検討した。結果は不可能であり、(1)広範性の条件、(2)弱パレート原理、(3)独立性の条件、(4)非独裁性の条件の四条件をすべて満たしながら、社会的意思決定を矛盾なく行うことは不可能であることが証明された。センは、「異なる人々の選好を考慮に入れて社会状態を評価する」というアローの問題と「異なる人々の福祉を判断するために共通の評価関数を得る」というセンの問題とは性質を異にしているということ、さらにアローの不可能性問題を共通基準の問題に翻訳すると、不可能性定理の公理に極端な解釈を与えなくてはならないということを述べている［セン著、鈴村訳（一九八八年）］。

一般均衡理論　general equilibrium theory

全経済状況を相互依存の連立方程式体系と認め、個別経済単位による主体的均衡が社会的整合性を満たすか否かを問題とする理論的方法である。ワルラスの創造によるもので、理論の発展には二つの流れがある。一つは、初期ワルラスの固定的な生産係数のモデルを原型とし、カッセルからワルド、さらにノイマン、レオンチェフらの線形経済学の系譜、もう一つは、後期ワルラスの限界生産力説を導入した体系を中心として、ヒックス、サミュエルソンらの消費者均衡理論やアロー、ドブリューらの競争均衡理論の系譜である。一つの市場のみに限定した分析は部分均衡分析である。

外部性　externality

経済主体が他の主体に対して、取引関係を通さずに影響を与えることを表す概念。他者の行為にいわば便乗して利益を上げる場合が正の外部性（外部経済）、公害のような不利益を与える場合が負の外部性（外部不経済）と呼ばれる。

義務論　deontology

徳や価値、目的に対して義務を基本とする倫理学の分野である。ギリシア語のdeonとは人を拘束するが人にとって必要かつ適切なものを意味する。W・D・ロスの『正と善』（1930）によると、正と道徳的善とは区別されねばならず、ある行為が正しいといえるのは、それが義務の規則に適合していること（例えば約束の履行は誠実の義務に、損害の賠償は補償の義務に）による。つまり、行為の正しさは、個人の性格や動機、行為のもたらす結果に依存しないのである。

ケイパビリティと機能　capability and functioning

センの一連の著作［セン（一九八八）やセン（一九九九）］のなかで、最もよく使われる概念の一つである。センの「ケイパビリティ」とは、人間が選択することのできる様々な「機能」の組み合せ（集合）のことであり、所得や資産を利用し何ができるのかという可能性をあらわしている。したがって、潜在能力は「様々なタイプの生活を送る」という個人の自由を反映した機能のベクトルの集合としてあらわすことができる。機能とは、人の豊かな生をあらわす状態や行動の源泉であり、ある状態になったり、何かをすることである（九五ページ参照）。すなわち、「栄養状態が良いか」「健康状態か」「避けられる病気にかかっていないか」などの基本的なものから、「幸福であるか」「自尊心を持っているか」「社会生活に参加しているか」などの複雑なものまで多岐にわたる幅の広い概念である。センは、機能は豊かな生の構成要素であり、ケイパビリティはこれらの構成要素を追求する自由を反映している、と考えている。［セン著、鈴村訳（一九八八八年)、セン著、池本・野上・佐藤訳(一九九九年)」。

ゲーム理論 game theory

一定のルールに従って相互交渉を行う者の間の利害の対立を数学的に分析する理論である。対立者の利害が完全に対立して両者の利得の和がつねに0になる(一方が得をすると他方が損をする)ものがゼロ=サム・ゲームであり、それ以外の非ゼロ=サム・ゲームでは、相互に協調的選択を行えばともに得をし、競争的選択をすればともに損をする。プレーヤーが三人以上の場合の最適解の存在は確認されていないが、複雑な社会的行為のシミュレーションが可能となり、複数の人間の間の意思決定プロセスの研究に利用されている。

権原(エンタイトルメント) entitlement

権原(エンタイトルメント)は、最初にロバート・ノージックが用いた用語である。彼は、正義の原理に従って正しい手続きによって財を取得した人がその財に対して持つ「正当な資格」という規範的な意味で用いた。しかし、センの権原の概念は、規範的な意味で用いられてはおらず、記述的であり、他者による承認・資格付与という回路を通じて所有権の正当化がなされることに重きをおいている。すなわち、センの権原とは、ある社会において正当な方法で「ある財の集まりを手に入れ、もしくは自由に用いることのできる能力・資格」、あるいは他者の手によって付与された諸権利・諸機会の行使を通じて、個人が自由に使える財の組み合せの集合を意味する。

センは、飢えは誰がどのくらいの食料を入手できるかを決定する現実の財と人間の関係、そしてその背景にある所有権の構造が重要であると考える。つまり、飢餓とは、人々の食料に対する権原、すなわち十分な食料を手に入れ、消費するだけの能力や資格が損なわれた状態を意味する。したがって、飢餓対策として、「権利剥奪状態」の是正を求める。［川本（一九九五年）、セン著、池本・野上・佐藤訳（一九九九年）、セン著、黒崎・山崎訳（二〇〇〇年）］

行為主体性（行為、エージェンシー）　agency

経済合理性を超えようとするところに人間の自発性や主体性を見出そうとするセンが用いる概念である。具体的には、自分の周囲にいる人たちなどの願いを自分の使命として引き受けようとすることである。［桂木（一九九五年）、セン著、池本・野上・佐藤訳（一九九九年）第四章］

厚生経済学　welfare economics

一社会における資源配分の効率と所得分配の公平とに関するある種の価値前提から経済組織の成果を評価し、政策諸手段の目的適合性を吟味する経済理論の一分野である。その主たる内容は、(1)市場機構による資源の配分がどのような意味でどの程度最適であるかの分析、(2)市場の失敗に関する分析、(3)資源の配分だけでなく、すべての社会全体としての意思決定の問題を市場メカニズムによらず解決する際の諸問題の分析、である。創始者はピグー（A. C. Pigou）で、その主著『厚生経済学』（*The Economics of Welfare*, 1920）は経済政策原理の集大成とされている。

厚生経済学の基本定理　fundamental theorem of welfare economics
特定の条件の下では、すべての完全競争均衡はパレート最適であり（第一定理）、他のいくつかの条件が満たされれば、すべてのパレート最適は（初期賦存量の適当なパターンのもとに）完全競争均衡である（第二定理）という定理である。個人間の効用比較を排除する場合に、パレート最適の概念は、優れた規準を最適資源配分において提供する。［鈴村・後藤（二〇〇一年）］。

功利主義　utilitarianism
広義においては、幸福ないし快楽を最大の価値とみなす哲学一般をさす。主に、一九世紀初頭イギリスのベンサムを中心とする一派の社会思想である。人間はつねに快楽を求め苦痛を避けようとする普遍の性質をもつとする功利的人間観に立ち、一切の人間の行動に対する道徳的判断の基準も快楽の増進に役立つかどうかで判断する。社会はそれを構成する個々人の総和にほかならないから、できるだけ多くの人ができるだけ多くの幸福にあずかれるようにすること、すなわち最大多数の最大幸福を最高目的とする。こうした功利主義は一方で徹底した自由放任主義と結びつくが、社会的功利を最大化するためには政治制度や教育によって個人の自由に干渉せざるをえない面がある。ミルはベンサム流の功利主義を継承しつつも、人間の快楽や苦痛に質的差異を認め、自由競争を是認しつつ各種社会立法や教育による漸進的社会改良を説いた。このように、功利主義には、強い個人主義的側面と社会主義的な側面が共存している。

コミットメント　commitment

共感は他者への関心が直接自分の効用に影響を及ぼすもので、例として、他人の虐待を知って心を痛めることなどがある。他方、コミットメントは他人の虐待を知ったことで自分の状況が悪化したとは感じないが、虐待はまちがっていると思い、それを止めさせるために何らかの行動に出る用意があることである。［セン著、大庭・川本訳（一九八九年）］。

社会的厚生関数　social welfare function

社会を構成する構成員の選好指数を要素として社会全体の厚生の大きさを示す関数である。アローは『社会的選択と個人的評価』（1951）で、個人の序数的な選好の組と社会的な厚生判断を接合するための民主的決定手続きを満たすような社会的厚生関数は存在しないことを明らかにした。バーグソン＝サミュエルソンの社会的厚生関数とは、社会を構成する人々の判断ないし選好を考慮して、さまざまな社会状態を倫理的に順序づける方法のことである。［セン著、志田監訳（二〇〇〇年）、鈴村・後藤（二〇〇一年）］。

社会的選択理論　social choice theory

個人がもつ選好（選択の優先順位）を何らかの形で集計し、社会としての意見にまとめるのが社会的選択である。つまり、社会を複数の個人により構成される集団として理解するとき、社会には個人の願望や利害の衝突を調整する規則が必要になる。この規則に基づく決定が社会的選択である。市場機構を通じる所得分配の決定や、投票による政治的決定などがその例である。社会的選択を決める規則と集団構成員の願望との関係を論理的に考察するのが、アローの不可能性定理を端緒とする社会的選択理論のテーマである。この社会的選択の問題は、社会的厚生関数の問題とも関連する。

囚人のジレンマ　Prisoners' Dilemma

二人の当事者にとって、協力的に行動するか非協力的に行動するかという二つの選択肢があり、彼らがともに協力的に行動すれば、ともに非協力的に行動する場合より双方にとっていっそう有利な結果が存在するのに、各人の合理的な行動によってその結果が得られない状況のことである。たとえば、囚人Aと囚人Bを取り調べ自白させるとしよう。二人の囚人は取り調べに対して、「自白する（＝非協力）」か「自白しない（＝協力）」かという二つの戦略をもっている。自分が自白しないと、相手の囚人の利益になる。お互いが自白しないと共に利益を得る。自分だけ自白し相手に罪をかぶせると、自分に大きな利益が得られる。つまり、刑期は、(1)一人が自白、もう一人が黙秘すれば、自白した人は釈放（〇年）で黙秘した人が一〇年、(2)両者とも自白すればともに五年、(3)両者とも黙秘すればともに一年である。両者とも協力して黙秘すれば（自白しないならば）一年の刑期ですむのに、双方とも相手の選択を知らないので、各々、黙秘したときの最悪の

		容疑者B	
		黙秘	自白
容疑者A	黙秘	−1, −1	−10, 0
	自白	0, −10	−5, −5

刑期一〇年と自白したときの最悪の刑期五年とを比較し、結果として両者とも自白し五年の刑期に服することになる。つまり、二人のプレーヤーが合理的に行動するのであれば、二人とも非協力の戦略を選ぶことになる。［セン著、志田監訳（二〇〇〇年）］。

選択関数　choice function

最初に、順序関係について説明する。Sの任意の要素x、yに対して、xがyと同等か、より上位にランクされるとき、弱選好関係xRyが成立するとする。このようにxとyとの間の関係を「二項関係」と呼ぶ。このランキングに関して完全性（完備性）、推移性を次のように定義する。「完全性（完備性）」とは、Sの任意の要素x、yに対してxRyあるいはyRxのうち、少なくとも一方が必ず成立することであり、「推移性」とは、Sの任意の要素x、y、zに対して、xRyかつyRzであれば、必ずxRzが成立することである。ランキングが完全性と推移性の性質を満たすならば、「順序（ordering）」と呼ぶ。Sの任意の要素xがSの最良要素であるとは、Sの任意の要素yに対して、$(x, y \in S = xRy)$が成り立つことであり、Sの中の最良要素の集合をSの選択集合とよび、$C(S, R)$で表す。［セン著、鈴村訳（一九八八年）、セン著、志田監訳（二〇〇〇年）］。

パレート最適　Pareto optimality

他人の効用を減少させることなしには、誰の効用をも増やすことができない状態のこと。

【参考文献】

アマルティア・セン、鈴村興太郎訳『福祉の経済学』岩波書店、一九八八年
アマルティア・セン、大庭健・川本隆史訳『合理的な愚か者』勁草書房、一九八九年
アマルティア・セン、池本幸生・野上裕生・佐藤仁訳『不平等の再検討』岩波書店、一九九九年
アマルティア・セン、鈴村興太郎・須賀晃一訳『不平等の経済学』東洋経済新報社、二〇〇〇年
アマルティア・セン、黒崎卓・山崎幸治訳『貧困と飢饉』岩波書店、二〇〇〇年
アマルティア・セン、志田基与師監訳『集合的選択と社会的厚生』勁草書房、二〇〇〇年
アマルティア・セン、大石りら訳『貧困の克服』集英社新書、二〇〇二年
鈴村興太郎・後藤玲子『アマルティア・セン』実教出版、二〇〇一年
桂木隆夫『市場経済の哲学』創文社、一九九五年
川本隆史『現代倫理学の冒険』創文社、一九九五年

解説

本書は、Sen, A. K., *On Ethics and Economics*, Blackwell, 1987 の全訳である。この著作は、近年邦訳が相次ぐセンの著作の中では古い方に属するが、彼の経済学に対する基本的な立場がまとまった形で明確に述べられている。この点で、センの考える経済学のあるべき姿、および、彼の最近の社会的・経済的活動の背景を理解するのに有益な書といえよう。

センは、一九六〇年代半ばから八〇年代にかけて、主として *Econometrica* を中心に、社会的選択理論の分野において華々しい研究成果を次々に発表していたが、私が彼の指導を受けた七〇年代終わり頃から、近代経済学理論の基礎の偏狭さをも批判するようになり、経済学本来の目的を再検討し始めた（もっとも、このような傾向は、彼の初期の著作、たとえば、*Collective Choice and Social Welfare*, Holden-Day, 1970 からも窺い知ることができる）。そこから得られた一つの方向が、権原論と潜在能力理論で、その具体化としてのＨＤＩ（ヒューマン・ディベロップメント・インデックス：人間開発指標）の開発へと進む。彼の著作の邦訳の多くは主としてこの七〇年代終わり以降に書かれたものに集中しており、タイトルにも「福祉」とか「倫理」という言葉が氾濫している。これが世の中に受ける理由はよく理解できる。近代経済学は高度に数学化しており、経済学者すら理解が困難になっている。ましてや、世の中の多くの人々がついていけないと感じるのは無理もない。経済は現実の日常生活にかかわるものであり、高度に数学的で精緻な経済理論を理解できなくても、人々は日々の経済活動を何とかこなして生きている。したがって、一般の人が近代経済学に違和感を感じ、「どこか間違っている」と思っても不思議ではない。そこに、「経済学には倫理的視点の導入が必要だ」というセンの主張が現れたのだから、多くの人々が「我が意を得たり」と飛びつくのは当然だと言えよう。しかし、ここで注意してもらいたいのは、センの主張は、多くの人々が何となく感じている「倫理・道徳の必要性」といった曖昧なものではなく、彼の研究も含めた、八〇年代初め頃までの、かなり普遍的なフレームワークにおける社会的選択理論の成果、すなわち、アローに始まる不可能性定理の枠組みにおける解の非存在性、から導き出されたものだという点である。これに関しては、私に感慨深い思い出がある。

一九九八年一〇月一四日早朝、私は、母校オックスフォード大学セント・キャサリンズ・カレッジにいた。フランス、サン・マロでの日仏経済会議を終え、パリ、ロンドン経由で前日当地に入ったばかりであった。カレッジのフェロー、ナップ氏とシニア・コモン・ルームで話をしているところへ、アナンド教授が慌しくやってきて、私に、「センがノーベル賞を受賞した」と言って、インターネットに発表された受賞理由のプリント・アウトを手渡してくれた。彼はUNDP(国連開発プログラム)でセンと一緒にHDI開発を指導しており、私とは旧知の間柄である。その時彼と意見が一致したのは、この受賞理由には、センの研究の核心である社会的選択理論に関する業績についてほとんど触れられていないという点だった。もちろん、センの受賞が不適切だというのではない。後日、鈴村興太郎教授(当時一橋大学)も、センの受賞は当然で、むしろ遅すぎたくらいだと言っておられたが、社会的選択理論の研究者の間では共通した見解だと思う。経済学の他の分野の研究者の多くもこの受賞に賛意を表明しているから、センは取るべくしてノーベル賞を取ったといって良いだろう(たとえば、市村真一教授〔京都大学名誉教授〕も、私が出席したある会合で、センの受賞は当然という意見を述べられている)。

この受賞理由における、センの業績に対する評価の不備については、彼自身も納得がいかなかったようで、ノーベル賞受賞時の記念講演においても、そのタイトルを The Possibility of Social Choice とし、最初の三分の一を社会的選択理論に割き、彼の幅広い研究の理論的出発点がここにあることを明らかにしている(Sen, A. K., The Possibility of Social Choice, *The American Economic Review*, 1999)。

アローの不可能性定理に始まる社会的選択理論の非常に普遍的な枠組における結論は、形式論理的には解の非存在ということである。その現実的な意味を一言で言ってしまえば、近代経済学が理想とし、その理論的基礎とする個人の自由と平等を前提とした民主的な社会などは実現不可能だということである。だからといって、自由や平等を求めることを諦めるというのではなく、両者の可能な限りの実現を目指し、少しでも理想的民主社会の実現に近づくよう努力するのが人間のあるべき姿であり、そのような方向性に沿うように経済学を再構築すべきだというのが、センの主張である。この場合、再検討すべき最大の問題点は、近代経済学がその理論的前提としている功利主義や厚生主義といった概念の偏狭さ・硬直性である。そこで、彼は、アダム・スミス、ジョン・スチュアート・ミル、カール・マルクスだけでなく、遠く、アリストテレスやカウティリヤにまで遡り、経済学の根源的意味の探求へ向かった。私は、彼のチュートリアルを受けていた時、何度か、孔子や荀子の思想を話したことがあるが、アローの不可能性定理のジレンマをできるだけ回避する一つの現実的対処法として、センが興味を持って聞いていたことを思い出す。もっとも、私の孔子や荀子に関する知識のほとんどは、もう一人の恩師岡本哲治教授から得たものであったが……。

理論的には、社会とその構成要素である個々人の間で、両者の意思を共に満たす普遍的な解決策がないにもかかわらず、現実には何とか社会を運営し、その中で我々の生活も成り立たせていかなければならないというジレンマを脱するには、必然的に、倫理的、哲学的色彩が濃くならざるを得ず、その一つの方向としてセンが打ち出した権原論や潜在能力理論にもその影響がよく現れている。この表に出てきた主張だけを見て、センの経済学はラディカルであると批判する経済学者がいるが、その評は浅薄で間違っている。彼の主張は、経済学本来の目的から見て至極真っ当なものである。むしろ、批判されるべきは、伝統的な分析手法に無批判に従っている多くの経済学者の方である。なぜなら、功利主義とか経済人といった極めて単純化・抽象化された概念は、本来、分析のための第一次近似として導入されたもので、分析が進むにつれ、このような概念は人間の現実の行動をより正確に反映するように緩められなければならないにもかかわらず、実際の理論的展開においては、いつの間にか、多くの経済学者は、この第一次近似という前提を忘れてしまい、あたかも普遍的な概念であるかのように錯覚してしまっているからである（これは、難解な数学の問題を解くことに熱中するあまり、その目的を忘れてしまって、見当違いなことをやっている中学生や高校生によく似ている）。また、センのこのような研究経緯から見て、哲学的・道徳的論文や主張が多くなるのは当然だが、だからといって、彼を哲学者だと評するのも間違っている。私は、彼の口から、「自分は厚生経済学者だ」と聞いたことはあるが、「哲学者だ」とは一度も聞いたことがないし、彼自身誰に対してもそう言ったことはないと思う。さらに、センがしばしば批判する近代経済学理論の主たる矛先は、論理的推論過程ではなく、そのあまりにも単純で硬直的な前提条件である。彼自身は、極めて厳密な論理的推論を重視する人であり、あくまでも理論経済学者である（事実、オックスフォード大学の大学院では、数理経済学を講義していた)。

以上を踏まえれば、センの主張を正しく理解しようとする人、とりわけ、第三者に説明・解説しようとする人は、少なくとも、アローに始まるいくつかの不可能性定理の論証過程を正確に理解し、その非存在性の実際の意味をよく考える必要があるだろう。それができて初めて、人類史上出現した様々な社会・政治・経済制度の意味や背景が理解され、(したがって、昔の制度や非西欧的な制度が現在の西欧の制度より劣っているなどという単純な判断は出来なくなり) 望ましい制度の構築に向けて有意義な示唆が得られることだろう。センの功績および本訳書の内容は、そのような未来への扉を開いたことにあると私は考える。

ただ、ここでセンの文章のスタイルに注意しておく必要があるだろう。彼は、かつて私に、何人かの日本人経済学者の名前を挙げ、「日本の経済学者は優秀だが、共通した一つの大きな欠点がある。それは、自分の発見したことを何でもかんでも一つの著作の中に書いてしまうことだ。このような書き方はかえってその著作の質を低めてしまう。書くときには、仔細な事柄には力を注がず、最も重要なポイントに焦点を絞って書かなければならない。君もそのような書き方をしなさい」と忠告してくれたことがある。当然、セン自身はそのような書き方をしているに違いない。読んでみると、確かにその通りなのだが、正確な理解を妨げる厄介な問題がいくつかある。まず、彼の文章は、一般に長く、複雑な構造をとっていることが多い。厳密な論理・論証の話を文章で表現しようとする以上、これはある程度やむを得ないとも言える。しかし、これは、どちらかといえば、彼の文章に対する好みからきているように感じられる。もしかすると、レトリックを重視する英国の伝統的な高等教育の影響があるのかもしれない（インドの高等教育機関には今でも英国の影響が強く残っている）。さらに、彼には、話をしている時、次々といろいろなことが頭に浮かんでくるようで、それらがすぐに次から次へと口から出てくるというしゃべり方をする。それを早口でまくし立てられるから、聞いている方としてはたまったものではない（もっとも、彼のしゃべり方にはインド人特有のアクセントがあまりないので、聞きづらくはない。また、講演などではゆっくりしゃべるよう心がけているようでもある）。彼のこのようなしゃべり方は文章にも反映しているようで、分かりにくい文体の原因の一つになっている。加えて、読者や聴衆の能力に合わせて自在に話し方を変えられるという厄介な能力の持ち主である。この影響による文章上の特徴は、同じことを言うのにも違った表現として現れる。訳者泣かせであるが、恐らく本人はほとんど自覚していないだろう。これが、人に誤解を与える原因になっている。しかも、consistency とか ordering といった、日本人が比較的安易に訳しがちな言葉の多くは、集合論や数理論理学で用いられているのと同じ意味で、厳密な定義に従っているのだから、面倒である。

すこし横道にそれるが、ここで、本書の著者センとのかかわりにおいて、私事に関することを若干述べることをお許し願いたい。彼の人となりの一端がうかがわれ、読者の理解の助けとなるかもしれないと思うからである。

私が、オックスフォードでアナンド教授からセンのノーベル賞受賞の報せを聞いた時、すぐに、一週間ほど前にケンブリッジ、トリニティ・カレッジで会ったセンの姿が目に浮かんだが、もう一人の恩師、岡本哲治先生のことも同時に思い出された。

一九七二年、偶然のきっかけで、私は岡本哲治教授（当時学習院大学）の教えを受けることになった。そのときのテキストが *Collective Choice and Social Welfare* であった。私とセンの初めての出会いである。最初の講義の冒頭、先生が本を手に、

「この人（センのこと）は将来必ずノーベル賞を受賞しますよ」と言われたことを今でもはっきりと覚えている。まず、この言葉でセンに興味を覚えた。そして、本を読み進むにつれ、その内容と著者に対する興味が急激に膨れ上がり、とうとう一夏かけて全部訳してしまった。恐らく、これがこの本の最初の邦訳だろうと思う。その集合論と数理論理学を駆使した形式論理的な記述は、私にとってははじめて出会うもので、理解に非常な困難をきたしたが、自分の求めていたものがそこにあるように感じられ、新しい世界が目の前に開けてきたような気がしたことをよく覚えている。そして、センの下で学ぼうとも決めてしまった。

実際に指導を受けてみて、センという人物がよく分かり、影響を受けたことも多くあった。とりわけ、どんなに小さなアイデアでも、紙に簡単な例を書き出してチェックし、それがすむと、そのアイデアをほんの僅かだけ変えて再び例をもってチェックするという着実な思索の進め方に感心し、私も見習うようにした。しかし、研究以外の面では概して無頓着である。また、多くの人が集まってワイワイガヤガヤやっている雰囲気が好きという、ちょっと意外な面もある。複雑なものの考え方をする人で、私も様々な視点からものを見る態度を学んだが、そのような性格を作った原因は英国の植民地であったインドに生まれたことにあるのかもしれないと感じている。何かの話の途中で、時々、ふっと、「我々はコロニアルだから……」とうつむき加減の姿勢で寂しそうに小さな声でつぶやくことがあった。私は、「彼のような誰もが認める一流中の一流の学者でもそんな感情を持っているのか」と驚いたことを思い出す。教えることは好きだが、懇切丁寧とかくどい教え方をするということはなかった。チュートリアルでの指導もかなり大雑把な指摘が多かったとの印象を受けたが、社会的選択理論に関しては大変な自信を持っていて、「私の知らないことは誰も知らないことだ」と言っていたことを思えば、実際には適切な指導をしていたのに、私が分からなかっただけかもしれない。

あまりにも私事に関することを書きすぎた。ご容赦いただきたい。

松本 保美

訳者あとがき

　本書は、センの経済学と倫理学に関する基本的な考えを専門的な数式をまじえず比較的易しく解説した古典的、記念碑的な著作である。しかも、本書は彼のその後の「新たな厚生経済学」、「不平等の経済学」や「自由と経済開発」などの新しい分野の著作に影響を与えるコーナーストーンの役割を果たした著作であると言っても過言ではないであろう。

　もし本書を一言で言い表すとすれば、経済学（経済問題）に倫理学（倫理・道徳的な）の視点を導入したセンの古典的名著である、といえよう。このように述べつつも、センは決して「工学的アプローチ」をとる経済学が無意味だとは言っていないということにも、読者は留意していただきたい。

　この「経済学再生」を希求する名著を、現代経済学や道徳哲学の関係に関心をもつ経済学者、哲学者、政治学者などの専門家だけでなく、広く経済学の入門を学んだ学部学生・大学院生や一度経済学を学んだ社会人・政策担当者の方々にも是非読んでいただければ幸いである。日本語版の刊行に至るまでには、紆余曲折があったが、このようなすばらしいセンの経済学の著作を読者に提供できることを訳者一同たいへん嬉しく思っている。

訳者の一人である徳永が本書に出会ったのは、本書が出版された直後の一九八七年の秋であった。計量経済学の大御所L・クライン教授(ペンシルベニア大学)の下で客員研究員として滞在し始めたときに、クライン教授に「計量経済学の研究とともにモラルハザードなどの経済倫理も研究したいので、どなたかこの分野の教授を紹介していただきたい」と厚かましくもお願いしたら、即座に紹介していただいたのが隣のビルのウォートン・スクールの企業倫理で著名なトーマス・W・ダンフィー教授であった。彼が主催する企業倫理のセミナーで紹介されたのが、この出版されたばかりの *On Ethics and Economics* であった。工学的アプローチの経済学を専門とする徳永にとっては、難解であったが、大変刺激的な良書であったので是非翻訳したいと思い、一九九二年にオハイオのコロンバスで開催された企業倫理の国際会議で基調講演を終えたばかりのセン教授に「この本を翻訳し日本の読者に紹介したい」とお願いしたら、二つ返事で快諾していただいた。

徳永は早速、帰国後翻訳の準備に入り、松本、青山と共同で翻訳作業を行うことになった。

しかしながら、出版計画は、難航を極めた。本格的に翻訳が進み始めたのは、一九九九年になってからであった。序文と第一章を徳永が、第二章を松本が、第三章を青山がそれぞれ担当することになった。訳出にあたって、正確であることはもとより、専門家だけにわかる表現ではなく、なるべく一般読者に読みやすい訳にするよう心掛けた。特に、セン独特の難解な文章は、まず正確に訳し、次にセンが何を主張しようとしているのかを明確にし、場合によっては大胆に意訳を試みた。さらに、訳語の統一を図る作業を行った。このようにして作成された原稿は、電子メールを用いて訳者間で訳文を交換し、相互にチェックしあい、徹底的に意見交換をし改善を図った。そして、最後に三人で全体の調整、用語の統一を入念に行った。しかしながら、力量及ばず、まだ不十分なところもあると思う。読者諸賢の御叱正をお願いしたい。なお、本書の中で用いられている専門用語・人名に関しては、新たに徳永・青山が簡単な解説を付記した。参考にしていただければ幸いである。

本書の刊行にあたり、数多くの方々の助言や支援をいただいた。まず、本書の翻訳のきっかけを作ってくれるとともに企業倫理のセミナーに参加させていただいたダンフィー教授に感謝申し上げたい。ダンフィー教授との出会いがなければこの翻訳は実現しなかったであろう。訳者の一人徳永にペンシルベニア大学への留学を許可し、ワシントンであたたかく励ましてくださった廣池幹堂麗澤大学学長にも深く感謝申し上げたい。

次に、専門用語などに関して、御教授いただいた先生方や知人、および大学の同僚にお礼を申し上げたい。特に、筑波大学の酒井泰弘教授からは第一章におけるベントリーの詩の訳を御教授賜り、麗澤大学の永安幸正教授と梅田徹教授からは翻訳に関して種々のアドバイスをいただいた。神田外語大学の小菅伸彦教授、ギブソン松井佳子教授、中央大学の谷口洋志教授からも貴重なアドバイスをいただいた。記して感謝申し上げたい。

二〇〇二年一月

徳永澄憲
青山治城

文庫版訳者あとがき

本書は、二〇〇二年に麗澤大学出版会から刊行されたアマルティア・セン著『経済学の再生——道徳哲学への回帰』の文庫版である。同書は、幸いなことに刊行後、好意的な反響に恵まれ、増刷を重ねていたが、このたび翻訳権の都合から、近いうちに品切れとなることが決まっていた。そんな折、筑摩書房から「ちくま学芸文庫」の一冊として文庫化したいという申し出があり、喜んで了承した次第である。

旧版を刊行して以降、アマルティア・センの著作の邦訳が飛躍的に進んだこと、またその理解も深化してきたことなども踏まえ、文庫化にあたっては、再度、全体を通して訳文を見直し、新たに索引を追加した。以下、訳語の主な変更箇所について説明する。

原文中に登場する「logistic economics」や「predictive economics」、「descriptive economics」といった語句について、旧版では「実証主義経済学」と一括していたが、いわゆる「実証主義経済学」と、本書でセンが議論の対象としているものとでは、対象範囲にやや隔たりがあり、かえって誤解を招く恐れがあったことから、今回はそれぞれ「近代経済学」、「予測的経済学」、「記述的経済学」と改めた。同じく「logistic approach」も「実証的アプローチ」としていたものを、文脈に合わせ「工学的アプローチ」などとした。また、「潜在能力」は「ケイパビリティ」と改め、「agency」についても主に「行為主体性」と訳し、各章の初出に「エージェンシー」とルビを付した。ただし、文脈に合わせて、単に「行為」とした箇所もある。原書でイタリック体で強調された語句には、傍点を付した。

そのほか、文庫という形態に鑑み、これまでセンの議論にあまり馴染みのない方にもその魅力を味わっていただけるよう、できるだけ平易な訳文となるように手を加えた。

上記のような変更を加えたこと、また編集部からの要望もあり、文庫化に際しては、より原題に近いタイトルに改め、さらに講演集であることを明示するために「アマルティア・セン講義」と補うこととした。

「訳者あとがき」でも述べたとおり、本書は、センの多岐にわたる議論のなかでも、もっとも根本にある考え方をきわめて平明に説いた著作である。幅広い読者の方が、本書を通してアマルティア・センの経済学に親しんでくれることを、訳者一同願ってやまない。

二〇一六年一〇月

訳者を代表して　徳永澄憲

and Welfare, 1.
Young, H.P. 1986: *Fair Allocation*, to be published by the American Mathematical Society.

Williams, B.A.O. 1973b: *Problems of the Self.* Cambridge: University Press.
Williams, B.A.O. 1981: *Moral Luck.* Cambridge: University Press.
Williams, B.A.O. 1985: *Ethics and the Limits of Philosophy.* London: Fontana; and Cambridge. Mass.: Harvard University Press. [森際康友・下川潔訳『生き方について哲学は何を言えるか』産業図書，1993年]
Wilson, E.O. 1978: *On Human Nature.* Cambridge, Mass.: Harvard University Press. [岸由二訳『人間の本性について』筑摩書房，1997年]
Wilson, E.O. 1980: Comparative Social Theory. In McMurrin (1980).
Wilson, R.B. 1975: On the theory of aggregation. *Journal of Economic Theory*, 10.
Winch, D. 1978: *Adam Smith's Politics.* Cambridge: University Press. [永井義雄・近藤加代子訳『アダム・スミスの政治学――歴史方法論的改訂の試み』ミネルヴァ書房，1989年]
Winston, G.C. 1980: Addiction and back-sliding: a theory of compulsive consumption. *Journal of Economic Behaviour and Organization*, 1.
Winter, S.G. 1969: A simple remark on the second optimality theorem of welfare economics. *Journal of Economic Theory*, 1.
Wittman, D. 1984: The geometry of justice: three existence and uniqueness theorems. *Theory and Decision*, 165.
Wong, S. 1978: *Foundations of Paul Samuelson's Revealed Preference Theory.* London: Routledge & Kegan Paul.
Woo, H.K.H. 1986: *What's Wrong with Formalization in Economics?* Newark, Cal.: Victoria Press.
Wriglesworth, J. 1982: The possibility of democratic pluralism: a comment. *Economica*, 49.
Wriglesworth, J. 1985: *Libertarian Conflicts in Social Choice.* Cambridge: University Press.
Yaari, M.E. and Bar-Hillel, M. 1984: On dividing justly. *Social Choice*

Van Praag, B.M.S. and Kapteyn, A. 1973: Further evidence on the individual welfare function of income: an empirical investigation in the Netherlands. *European Economic Review*, 4.

Varian, H. 1974: Equity, envy and efficiency. *Journal of Economic Theory*, 9.

Varian, H. 1975: Distributive justice, welfare economics and the theory of fairness. *Philosophy and Public Affairs*, 4.

Vickrey, W. 1945: Measuring marginal utility by reactions to risk. *Econometrica*, 13.

Waldron, J. (ed.) 1984: *Theories of Rights*. Oxford: University Press.

Walzer, M. 1973: Political action: the problem of dirty hands. *Philosophy and Public Affairs*, 2.

Walzer, M. 1983: *Spheres of Justice*. Oxford: Blackwell. ［山口晃訳『正義の領分——多元性と平等の擁護』而立書房，1999年］

Ward, B. 1972: *What's Wrong with Economics*? London: Macmillan.

Watkins, J. 1974: Comment: self-interest and morality. In Körner (1974).

Watkins, J. 1985: Second thoughts on self-interest and morality. In Campbell and Sowden (1985).

Weale, A. 1978: *Equality and Social Policy*. London: Routledge & Kegan Paul.

Weale, A. 1980: The impossibility of liberal egalitarianism. *Analysis*, 40.

Webster, M. 1986: Liberals and information. *Theory and Decisions*, 20.

Weymark, J. 1978: 'Unselfishness' and Prisoner's Dilemmas. *Philosophical Studies*, 34.

Weymark, J. 1983: Arrow's theorem with social quasi-orderings. *Public Choice*, 42.

Wiggins, D. 1985: Claims of need. In Honderich (1985).

Williams, B.A.O. 1973a: A critique of utilitarianism. In Smart and Williams (1973).

Svensson, L.-G. 1977: Social justice and fair distributions. *Lund Economic Studies*, 15.

Svensson, L.-G. 1980: Equity among generations. *Econometrica*, 48.

Svensson, L.-G. 1985: A contractarian approach to social optimum. Mimeographed, University of Lund.

Takayama, N. 1979: Poverty, income inequality and their measures: Professor Sen's axiomatic approach reconsidered. *Econometrica*, 47.

Taylor, C. 1982: The diversity of goods. In Sen and Williams (1982).

Taylor, L. 1977: Research directions in income distribution, nutrition and the economics of food. *Food Research Institute Studies*, 15.

Taylor, M. 1976: *Anarchy and Cooperation*. New York: Wiley.

Temkin, L. 1986: Inequality. *Philosophy and Public Affairs*, 15.

Theil, H. 1967: *Economics and Information Theory*. Amsterdam: North-Holland.

Thon, D. 1979: On measuring poverty. *Review of Income and Wealth*, 25.

Tinbergen, J. 1970: A Positive and A Normative Theory of Income Distribution. *Review of Income and Wealth*, 16.

Ullmann-Margalit, E. 1977: *The Emergence of Norms*. Oxford: Clarendon Press.

Usher, D. 1981: *The Economic Prerequisite to Democracy*. Oxford: Blackwell. [竹内靖雄訳『民主主義の破産』日本経済新聞社, 1982年]

Van der Veen, R.J. 1981: Meta-rankings and collective optimality. *Social Science Information*, 20.

Van Praag, B.M.S. 1968: *Individual Welfare Functions and Consumer Behaviour*. Amsterdam: North-Holland.

Van Praag, B.M.S. 1977: The welfare function of income in Belgium: an empirical investigation. *European Economic Review*, 2.

Van Praag, B.M.S. 1978: The perception of welfare inequality. *European Economic Review*, 2.

pluralism. *Economica*, 45.
Stewart, F. 1985: *Planning to Meet Basic Needs*. London: Macmillan.
Stigler, G.J. 1975: Smith's travel on the ship of the state. In Skinner and Wilson (1975).
Stigler, G.J. 1981: Economics or ethics? In S. McMurrin (ed.), *Tanner Lectures on Human Values*, vol. II. Cambridge: University Press.
Stigum, B.P. and Wenstop, F. (eds.) 1983: *Foundations of Utility and Risk Theory with Applications*. Dordrecht: Reidel.
Stransnick, S. 1976: Social choice theory and the derivation of Rawls' difference principle. *Journal of Philosophy*, 73.
Streeten, P. 1981a: *Development Perspectives*. London: Macmillan.
Streeten, P. 1981b: With S.J. Burki, Mahbub ul Haq, N. Hicks and F. Stewart, *First Things First: Meeting Basic Needs in Developing Countries*. New York: Oxford University Press.
Streeten, P. and Burki, S. 1978: Basic needs: some issues. *World Development*, 6.
Sugden, R. 1981: *The Political Economy of Public Choice*. Oxford: Martin Robertson.
Sugden, R.1985: Liberty, preference and choice. *Economics and Philosophy*, 1.
Suppes, P. 1966: Some formal models of grading principles. *Synthese*, 6; reprinted in Suppes (1969).
Suppes, P. 1969: *Studies in the Methodology and Foundations of Science*. Dordrecht: Reidel.
Suzumura, K. 1976: Rational choice and revealed preference. *Review of Economic Studies*, 43.
Suzumura, K. 1978: On the Consistency of Libertarian Claims. *Review of Economic Studies*, 45: A correction, 46.
Suzumura, K. 1980: Liberal paradox and the voluntary exchange of rights-exercising. *Journal of Economic Theory*, 22.
Suzumura, K. 1983: *Rational Choice, Collective Decisions, and Social Welfare*. Cambridge: University Press.

Slote, M. 1983: *Goods and Virtues*. Oxford: Clarendon Press.
Slote, M. 1985: *Common-sense Morality and Consequentialism*. London: Routledge.
Smale, S. 1980: The prisoner's dilemma and dynamical systems associated to non-cooperative games. *Econometrica*, 48.
Smart, J.J.C. and Williams, B.A.O. 1973: *Utilitarianism: For and Against*. Cambridge: University Press.
Smith, A. 1776: *An Inquiry into the Nature and Causes of the Wealth of Nations*. Reprinted R.H. Campbell and A.S. Skinner (eds.). Oxford: Clarendon Press. ［水田洋監訳，杉山忠平訳『国富論』（全４冊），岩波書店，2000〜01年］
Smith, A. 1790: *The Theory of Moral Sentiments*, revised edition. Reprinted, D.D. Raphael and A.L. Macfie (eds.). Oxford: Clarendon Press, 1975. ［水田洋訳『道徳感情論』筑摩書房，1973年］
Solow, R.M. 1980: On theories of unemployment. *American Economic Review*, 70.
Srinivasan, T.N. 1981: Malnutrition: some measurement and policy issues. *Journal of Development Economics*, 8.
Srinivasan, T.N. and Bardhan, P. (eds.) 1986: *Rural Poverty in South Asia*, to be published by Columbia University Press.
Starr, R.M. 1973: Optimum production and allocation under uncertainty. *Quarterly Journal of Economics*, 87.
Steedman, I. and Krause, U. 1986: Goethe's Faust, Arrow's possibility theorem and the individual decision taker. In J. Elster (ed.), *The Multiple Self*. Cambridge: University Press.
Steiner, H. 1981: Liberty and equality. *Political Studies*, 29.
Steiner, H. 1983: Reason and intuition in ethics. *Ratio*, 25.
Steiner, H. 1986: *Putting rights in their place: an appraisal of Amartya Sen's work on rights*. Mimeographed. University of Manchester.
Stevens, D. and Foster, J. 1978: The possibility of democratic

III. Amsterdam: North-Holland.

Sen, A.K. 1986d: Prediction and economic theory. *Proceedings of the Royal Society.*

Sen, A.K. 1986e: The standard of living. In S. McMurrin, *Tanner Lectures on Human Values*, vol. VII. Cambridge: University Press.

Sen, A.K. 1986f: Information and invariance in normative choice. In W. Heller. D. Starr and R. Starrett (1986).

Sen, A.K. and Williams. B. (eds.) 1982: *Utilitarianism and Beyond.* Cambridge: University Press.

Sen, A.K., with Hart, K., Kanbur, R., Muellbauer, J., Williams, B., and (ed.) Hawthorn, G. 1987: *The Standard of Living.* Cambridge: University Press.

Shama Sastry, R. 1967: *Kautilya's Arthaśāstra.* Mysore: Mysore Printing and Publishing House.

Sheshinski, E. 1972: Relation between a social welfare function and the Gini index of inequality. *Journal of Economic Theory*, 4.

Shorrocks, A.F. 1980: The class of additively decomposable inequality measures. *Econometrica*, 48.

Shorrocks, A.F. 1983: Ranking income distributions. *Economica*, 50.

Shorrocks, A.F. 1984: Inequality decomposition by population subgroups. *Econometrica*, 52.

Shorrocks, A.F. and Foster, J.E. 1985: *Transfer Sensitive Inequality Measures.* Department of Economics, University of Essex.

Sidgwick, H. 1874: *The Method of Ethics.* London: Macmillan.

Sil, N.P. 1985: *Kauṭilya's Arthaśāstra.* Calcutta: Academic Publishers.

Simon, H.A. 1957: *Models of Man.* New York: Wiley. [宮沢光一監訳『人間行動のモデル』同文舘出版, 1970年]

Simon, H.A. 1979: *Models of Thought.* New Haven: Yale University Press.

Skinner, A.S. and Wilson, T. (eds.) 1975: *Essays on Adam Smith.* Oxford: Clarendon Press.

reprinted in Sen (1984a).
Sen, A.K. 1983c: Evaluator relativity and consequential evaluation. *Philosophy and Public Affairs*, 12.
Sen, A.K. 1983d: Economics and the family. *Asian Development Review*, 1; reprinted in Sen (1984a).
Sen, A.K. 1984a: *Resources, Values and Development*. Oxford: Blackwell, and Cambridge, Mass.: Harvard University Press.
Sen, A.K. 1984b: The living standard. *Oxford Economic Papers*, 36.
Sen, A.K. 1984c: Consistency, text of Presidential Address to the Econometric Society, to be published in *Econometrica*.
Sen, A.K. 1985a: Well-being, agency and freedom: the Dewey Lectures 1984. *Journal of Philosophy*, 82.
Sen, A.K. 1985b: *Commodities and Capabilities*. Amsterdam: North-Holland. [鈴村興太郎訳『福祉の経済学――財と潜在能力』岩波書店, 1988年]
Sen, A.K. 1985c: Rights as goals, Austin Lecture 1984. In S. Guest and A. Milne, (eds.), *Equality and Discrimination: Essays in Freedom and Justice*. Stuttgart: Franz Steiner.
Sen, A.K. 1985d: Goals, commitment and identity. *Journal of Law, Economics and Organization*, 1.
Sen, A.K. 1985e: Rationality and uncertainty. *Theory and Decision*, 18; also in Daboni, Montesano and Lines (1986).
Sen, A.K. 1985f: Women, technology and sexual divisions. *Trade and Development*, 6.
Sen, A.K. 1985g: The moral standing of the market. In Paul, Miller and Paul (1985).
Sen, A.K. 1986a: Food, economics and entitlements. Elmhirst lecture, 1985. *Lloyds Bank Review*, 160.
Sen, A.K. 1986b: Adam Smith's prudence. In S. Lall and F. Stewart (eds.), *Theory and Reality in Development*. London: Macmillan.
Sen, A.K. 1986c: Social choice theory. In K.J. Arrow and M. Intriligator, (eds.), *Handbook of Mathematical Economics*, vol.

Sen, A.K. 1977a: Social choice theory: a re-examination. *Econometrica*, 45; reprinted in Sen (1982a).

Sen, A.K. 1977b: On weights and measures: informational constraints in social welfare analysis. *Econometrica*, 45; reprinted in Sen (1982a).

Sen, A.K. 1977c: Rational fools: a critique of the behavioural foundations of economic theory. *Philosophy and Public Affairs*, 6; reprinted in Sen (1982a).

Sen, A.K. 1979a: Personal utilities and public judgments: or what's wrong with welfare economics? *Economic Journal*, 89; reprinted in Sen (1982a).

Sen, A.K. 1979b: Utilitarianism and welfarism. *Journal of Philosophy*, 76.

Sen, A.K. 1979c: The welfare basis of real income comparisons. *Journal of Economic Literature*, 17; reprinted in Sen (1984a).

Sen, A.K. 1980: Equality of what? In McMurrin (1980); reprinted in Sen (1982a).

Sen, A.K. 1981a: *Poverty and Famines: An Essay on Entitlement and Deprivation*. Oxford: Clarendon Press. ［黒崎卓・山崎幸治訳『貧困と飢饉』岩波書店，2000年］

Sen, A.K. 1981b: A positive concept of negative freedom. In E. Morscher and R. Stanzinger, (eds.), *Ethics: Foundations, Problems, and Applications, Proceedings of the 5th International Wittgenstein Symposium*. Vienna: Holder-Pichler-Tempsky.

Sen, A.K. 1982a: *Choice, Welfare and Measurement*. Oxford: Blackwell, and Cambridge, Mass.: MIT Press. ［大庭健・川本隆史訳『合理的な愚か者――経済学＝倫理学的探求』勁草書房，1989年］

Sen, A.K. 1982b: Rights and agency. *Philosophy and Public Affairs*, 11.

Sen, A.K. 1983a: Liberty and social choice. *Journal of Philosophy*, 80.

Sen, A.K. 1983b: The profit motive. *Lloyds Bank Review*, 147;

of Economic Studies, 33; reprinted in Sen (1984a).
Sen, A.K. 1967a: Isolation, assurance and the social rate of discount. *Quarterly Journal of Economics*, 81; reprinted in Sen (1984a).
Sen, A.K. 1967b: The nature and classes of prescriptive judgements. *Philosophical Quarterly*, 17.
Sen, A.K. 1970a: *Collective Choice and Social Welfare*. San Francisco: Holden-Day; republished, Amsterdam: North-Holland, 1979. [志田基与師監訳『集合的選択と社会的厚生』勁草書房，2000年]
Sen, A.K. 1970b: Interpersonal aggregation and partial comparability. *Econometrica*, 38; reprinted in Sen (1982a). A correction, *Econometrica*, 40 (1972).
Sen, A.K. 1970c: The impossibility of a Paretian liberal. *Journal of Political Economy*. 72; reprinted in Sen (1982a).
Sen, A.K. 1971: Choice functions and revealed preference. *Review of Economic Studies*, 38; reprinted in Sen (1982a).
Sen, A.K. 1973a: Behaviour and the concept of preference. *Economica*, 40; reprinted in Sen (1982a).
Sen, A.K. 1973b: *On Economic Inequality*. Oxford: Clarendon Press, and New York: Norton. [杉山武彦訳『不平等の経済理論』日本経済新聞社，1977年．拡大版　鈴村興太郎・須賀晃一訳『不平等の経済学』東洋経済新報社，2000年]
Sen, A.K. 1973c: On the development of basic income indicators to supplement GNP measures. *Economic Bulletin for Asia and the Far East* (United Nations), 24.
Sen, A.K. 1974: Choice, orderings and morality. In Körner (1974); reprinted in Sen (1982a).
Sen, A.K. 1976a: Poverty: an ordinal approach to measurement. *Econometrica*, 46; reprinted in Sen (1982a).
Sen, A.K. 1976b: Real national income. *Review of Economic Studies*, 43; reprinted in Sen (1982a).
Sen, A.K. 1976c: Liberty, Unanimity and Rights. *Economica*, 43; reprinted in Sen (1982a).

proof social choice function. In Gottinger and Leinfellner (1978).
Schmeidler, D. and Vind, K. 1972: Fair net trades. *Econometrica*, 40.
Schotter, A. 1981: *The Economic Theory of Social Institutions*. Cambridge: University Press.
Schotter, A. 1985: *Free Market Economics: A Critical Appraisal*. New York: St. Martin's Press.
Schwartz, T. 1970: On the Possibility of rational policy evaluation. *Theory and Decision*, 1.
Schwartz, T. 1976: Choice functions, 'Rationality' conditions, and variations of the weak axiom of revealed preference. *Journal of Economic Theory*, 13.
Schwartz, T. 1981: The Universal—Instability Theorem. *Public Choice*, 37.
Schwartz, T. 1982: Human welfare: what it is not. In H. Miller and W. Williams (eds.), *The Limits of Utilitarianism*. Minneapolis: University of Minnesota Press.
Schwartz, T. 1986: *The Logic of Collective Choice*. New York: Columbia University Press.
Scitovsky, T. 1941: A note on welfare propositions in economics. *Review of Economic Studies*, 9.
Scitovsky, T. 1976: *The Joyless Economy*. New York: Oxford University Press. ［斎藤精一郎訳『人間の喜びと経済的価値——経済学と心理学の接点を求めて』日本経済新聞社, 1979年］
Searle, J. 1980: *Prima facie* Obligations. In Z. van Straaten (ed.), *Philosophical Subjects: Essays Presented to P.F. Straw-son*. Oxford: Clarendon Press.
Seidl, C. 1975: On liberal values. *Zeitschrift für Nationalökonomie*, 35.
Seidl, C. 1986: *Poverty Measures: A Survey*. Mimeographed, Graz-Kiel.
Sen, A.K. 1961: On optimizing the rate of saving. *Economic Journal*, 71; reprinted in Sen (1984a).
Sen, A.K. 1966: Labour allocation in a cooperative enterprise. *Review*

Rubinstein, A. 1981: *The Single Profile Analogues to Multiple Profile Theorems: Mathematical Logic's Approach*. Mimeographed. Murray Hill: Bell Laboratories.

Samuelson, P.A. 1947: *Foundations of Economic Analysis*. Cambridge, Mass.: Harvard University Press.［佐藤隆三訳『経済分析の基礎』勁草書房，1986年］

Samuelson, P.A. 1950: Evaluation of Real National Income. *Oxford Economic Papers*, 2.

Sandel, M.J. 1982: *Liberalism and the Limits of Justice*. Cambridge: University Press.［菊池理夫訳『自由主義と正義の限界』三嶺書房，1992年］

Sartre, J.P. 1946: *L' Existentialisme est un humanisme*. Paris.［伊吹武彦他訳『実存主義とは何か』人文書院，1996年］

Satterthwaite, M.A. 1975: Strategy-proofness and Arrow's conditions: existence and correspondence theorems for voting procedures and social welfare functions. *Journal of Economic Theory*, 10.

Scanlon, T.M. 1975: Preference and urgency. *Journal of Philosophy*, 72.

Scanlon, T.M. 1982: Contractualism and utilitarianism. In Sen and Williams (1982).

Scheffler, S. 1982: *The Rejection of Consequentialism*. Oxford: Clarendon Press.

Schelling, T.C. 1978: *Micromotives and Macrobehavior*. New York: Norton.

Schelling, T.C. 1980: The intimate contest for self-command. *Public Interest*, 60.

Schelling, T.C. 1984: Self-command in practice, in policy, and in a theory of rational choice. *American Economic Review*, 74.

Schick, F. 1984: *Having Reasons: An Essay on Rationality and Sociality*. Princeton: University Press.

Schmeidler, D. and Sonnenschein, H. 1978: Two proofs of the Gibbard-Satterthwaite theorem on the possibility of a strategy-

and Sonnenschein (1971).
Riley, J. 1986: *Liberal Utilitarianism: Social Choice Theory and J.S. Mill's Philosophy*. Cambridge: University Press in press.
Robbins, L. 1935: *An Essay on the Nature and Significance of Economic Science*, 2nd edition. London: Macmillan. ［中山伊知郎監修, 辻六兵衛訳『経済学の本質と意義』東洋経済新報社, 1957年］
Robbins, L. 1938: Interpersonal comparisons of utility. *Economic Journal*, 48.
Roberts, K.W.S. 1980a: Interpersonal comparability and social choice theory. *Review of Economic Studies*, 47.
Roberts, K.W.S. 1980b: Price independent welfare prescriptions. *Journal of Public Economics*, 13.
Robinson, J. 1962: *Economic Philosophy*. London: Watts.
Roemer, J. 1982: *A General Theory of Exploitation and Class*. Cambridge, Mass.: Harvard University Press.
Roemer, J. 1985a: Should Marxists be interested in exploitation? *Philosophy and Public Affairs*, 14.
Roemer, J. 1985b: Equality of talent. *Economics and Philosophy*, 1.
Roemer, J. 1986a: Equality of resources implies equality of welfare. *Quarterly Journal of Economics*, forthcoming.
Roemer, J. 1986b: An historical materialist alternative to welfarism. In Elster and Hylland (1986).
Rose-Ackerman, S. 1978: *Corruption: A Study in Political Economy*. New York: Academic Press.
Rosenberg, N. 1984: Adam Smith and the stock of moral capital. Mimeographed, Stanford University.
Ross, D. (ed.) 1980: *Aristotle: The Nicomachean Ethics*. Oxford: University Press.
Rothschild, M. and Stiglitz, J. 1973: Some further results in the measurement of inequality. *Journal of Economic Theory*, 6.
Rowley, C.K. and Peacock, A.T. 1975: *Welfare Economics: A Liberal Restatement*. London: Martin Robertson.

The Economic Approach Applied Outside the Traditional Areas of Economics. New York: Paragon House.

Rae, D. 1981: *Equalities*. Cambridge, Mass.: Harvard University Press.

Ramaswamy, T.N. 1962: *Essentials of Indian Statecraft*. London: Asia Publishing House.

Ramsey, F.P. 1931: *Foundations of Mathematics and Other Logical Essays*. London: Kegan Paul.

Raphael, D.D. 1985: *Adam Smith*. Oxford: University Press. [久保芳和訳『アダム・スミスの哲学思考』雄松堂出版, 1986年]

Raphael, D.D. and Macfie, A.L. 1976: Introduction. In their edited *The Theory of Moral Sentiments*, by Adam Smith. Oxford: Clarendon Press.

Rapoport, A. and Chammah, A.M. 1965: *Prisoner's dilemma: A study in conflict and cooperation*. Ann Arbor: University of Michigan Press. [廣松毅他訳『囚人のジレンマ――紛争と協力に関する心理学的研究』啓明社, 1983年]

Rawls, J. 1971: *A Theory of Justice*. Cambridge, Mass.: Harvard University Press. [矢島鈞次監訳『正義論』紀伊國屋書店, 1979年]

Rawls, J. 1980: Kantian constructivism in moral theory: the Dewey Lectures 1980. *Journal of Philosophy*, 77.

Rawls, J. 1982: Social unity and primary goods. In Sen and Williams (1982).

Rawls, J. 1985: Justice as fairness: political not metaphysical. *Philosophy and Public Affairs*, 14.

Raz, J. 1986: *The Morality of Freedom*. Oxford: Clarendon Press.

Regan, D.H. 1980: *Utilitarianism and Co-operation*. Oxford: Clarendon Press.

Regan, D.H. 1983: Against evaluator relativity: a response to Sen. *Philosophy and Public Affairs*, 12.

Richter, M.K. 1971: Rational choice. In Chipman, Richter, Hurwicz

Phelps, E.S. (eds.) 1973: *Economic Justice*. Harmondsworth: Penguin Books.

Phelps, E.S. 1977: Recent developments in welfare economics: justice et équité. In M.D. Intriligator (ed.), *Frontiers of Quantitative Economics*, vol. 3. Amsterdam: North-Holland. Reprinted in his *Studies in Macroeconomic Theory*, vol. 2. New York: Academic Press.

Pigou, A.C. 1952: *The Economics of Welfare*, 4th edition. London: Macmillan. [永田清監修/気賀健三他訳『厚生経済学』全4巻，東洋経済新報社，1953～55年]

Pitt, J.C. (ed.) 1981: *Philosophy in Economics*. Dordrecht: Reidel.

Plott, C.R. 1976: Axiomatic social choice theory: an overview and interpretation. *American Journal of Political Science*, 20.

Pollak, R.A. 1979: Bergson-Samuelson social welfare functions and the theory of social choice. *Quarterly Journal of Economics*, 93.

Posner, R.A. 1977: *The Economic Analysis of Law*. Boston: Little, Brown.

Posner, R.A. 1980: A theory of primitive society with special reference to law. *Journal of Law and Economics*, 23.

Putterman, L. 1981: On optimality of collective institutional choice. *Journal of Comparative Economics*, 5.

Putterman, L. 1986: *Peasants, collectives, and choice*. Greenwich, Conn.: JAI Press.

Pyatt, G. 1976: On the interpretation and disaggregation of gini coefficients. *Economic Journal*, 86.

Pyatt, G. 1985: *Measuring Welfare, Poverty and Inequality*, mimeographed. Development Research Department, World Bank, Washington D.C.

Radner, R. 1980: Collusive behaviour in non-cooperative epsilon-equilibria of oligopoplies with long but finite lives. *Journal of Economic Theory*, 22.

Radnitzky, G. and Bernholz, P. (eds.) 1985: *Economic Imperialism:*

Stockholm: Almqvist and Wiksell International.
Olson, M. 1965: *The Logic of Collective Action*. Cambridge, Mass.: Harvard University Press.［依田博・森脇俊雅訳『集合行為論――公共財と集団理論』ミネルヴァ書房，1983年］
O'Neill, O. 1986: *Faces of Hunger*. London: Allen and Unwin.
Osmani, S.R. 1982: *Economic Inequality and Group Welfare*. Oxford: Clarendon Press.
Parfit, D. 1984: *Reasons and Persons*. Oxford: Clarendon Press.［森村進訳『理由と人格――非人格性の倫理へ』勁草書房，1998年］
Pattanaik, P.K. 1971: *Voting and Collective Choice*. Cambridge: University Press.
Pattanaik, P.K. 1978: *Strategy and Group Choice*. Amsterdam: North-Holland.
Pattanaik, P.K. 1980: A note on the 'rationality of becoming' and revealed preference. *Analyse und Kritik*, 2.
Pattanaik, P.K. and Salles, M. (eds.) 1983: *Social Choice and Welfare*. Amsterdam: North-Holland.
Paul, E.F., Miller, F.D. and Paul, J. (eds.) 1985: *Ethics and Economics*. Oxford: Blackwell.
Pazner, E.A. and Schmeidler, D. 1974: A difficulty in the concept of fairness. *Review of Economic Studies*, 41.
Peacock, A.T. and Rowley, C.K. 1972: Welfare economics and the public regulation of natural monopoly. *Journal of Political Economy*, 80.
Peleg, B. 1984: *Game Theoretic Analysis of Voting in Committees*. Cambridge: University Press.
Pen, J. 1971: *Income Distribution: Facts, Theories, Policies*. New York: Praeger.
Perelli-Minetti, C.R. 1977: Nozick on Sen: a misunderstanding. *Theory and Decision*, 8.
Pettit, P. 1980: *Judging Justice: An Introduction to Contemporary Political Philosophy*. London: Routledge.

Nagel, T. 1986: *The View from Nowhere.* Oxford: Clarendon Press.［中村昇他訳『どこでもないところからの眺め』春秋社，2009年］
Nelson, R.R. and Winter, S.G. 1982: *An Evolutionary Theory of Economic Change.* Cambridge, Mass.: Harvard University Press.［後藤晃他訳『経済変動の進化理論』慶應義塾大学出版会，2007年］
Newbery, D.M.G. 1970: A Theorem on the Measurement of Inequality. *Journal of Economic Theory*, 2.
Ng, Y-K. 1971: The possibility of a Paretian liberal: impossibility theorems and cardinal utility. *Journal of Political Economy*, 79.
Ng, Y-K. 1979: *Welfare Economics.* London: Macmillan.
Ng, Y-K. 1981: Welfarism: a defence against Sen's attack. *Economic Journal*, 91.
Nitzan, S. and Paroush, J. 1985: *Collective Decision Making: An Economic Outlook.* Cambridge: University Press.
Nozick, R. 1973: Distributive justice. *Philosophy and Public Affairs*, 3.
Nozick, R. 1974: *Anarchy, State and Utopia.* Oxford: Blackwell.［嶋津格訳『アナーキー・国家・ユートピア——国家の正当性とその限界』木鐸社，1989年］
Nozick, R. 1985: Interpersonal utility theory. *Social Choice and Welfare*, 2.
Nussbaum, M.C. 1984: Plato on Commensurability and desire. *Proceedings of the Aristotelian Society*, 58.
Nussbaum, M.C. 1985: Aeschylus and practical conflict. *Ethics*, 95.
Nussbaum, M.C. 1986a: *The Fragility of Goodness: Luck and Ethics in Greek Tragedy and Philosophy.* Cambridge: University Press.
Nussbaum, M.C. 1986b: *The Therapy of Desire.* The Martin Classical Lectures 1986; to be published.
Nussbaum, M.C. 1986c: *Nature, Function and Capability: Aristotle on Political Distribution.* Mimeographed, Brown University.
Nygard, F. and Sandstrom, A. 1981: *Measuring Income Inequality.*

Mirrlees, J.A. 1982: The economic uses of utilitarianism. In Sen and Williams (1982).

Mitra, A. (ed.) 1974: *Economic Theory and Planning: Essays in Honour of A.K. Das Gupta*. Calcutta: Oxford University Press.

Mookherjee, D. and Shorrocks, A. 1982: A decomposition analysis of the trends in UK income inequality. *Economic Journal*, 92.

Morishima, M. 1964: *Equilibrium, Stability and Growth*. Oxford: Clarendon Press. [久我清他訳『均衡・安定・成長』(『森嶋通夫著作集』第2巻), 岩波書店, 2003年]

Morishima, M. 1982: *Why Has Japan 'Succeeded'?: Western Technology Japanese Ethos*. Cambridge: University Press.

Morris, M.D. 1979: *Measuring the Conditions of the World's Poor*. Oxford: Pergamon.

Moulin, H. 1983: *The Strategy of Social Choice*. Amsterdam: North-Holland.

Muellbauer, J. 1974: Inequality measures, prices, and household composition. *Review of Economic Studies*, 41.

Muellbauer, J.1978: Distributional aspects of price comparisons. In R. Stone and W. Peterson (eds.), *Economic Contributions to Public Policy*. London: Macmillan.

Mueller, D.C. 1979: *Public Choice*. Cambridge: University Press. [加藤寛監訳『公共選択論』有斐閣, 1993年]

Musgrave, R.A. 1959: *The Theory of Public Finance*. New York: McGraw-Hill. [大阪大学財政研究会訳『財政理論——公共経済の研究』全3巻, 有斐閣, 1961〜62年]

Myerson, R.B. 1983: Utilitarianism, egalitarianism and the timing effect in social choice problems. *Econometrica*, 49.

Nagel, T. 1970: *The Possibility of Altruism*. Oxford: Clarendon Press.

Nagel, T. 1979: *Mortal Questions*. Cambridge: University Press. [永井均訳『コウモリであるとはどのようなことか』勁草書房, 1989年]

Nagel, T. 1980: The limits of objectivity. In McMurrin (1980).

McLellan (1977).［城塚登訳『ユダヤ人問題によせて　ヘーゲル法哲学批判序説』岩波書店，1974年］

Marx, K. 1844: *The Economic and Philosophic Manuscript of 1844*. English translation. London: Lawrence & Wishart.［城塚登・田中吉六訳『経済学・哲学草稿』岩波書店，1964年］

Marx, K. 1875: *Critique of the Gotha Programme*. English translation. New York: International Publishers, 1938.［望月清司訳『ゴータ綱領批判』岩波書店，1975年］

Marx, K. 1883: *Capital: A Critical Analysis of Capitalist Production*. 3rd edition. English translation. London: Sonnenschein, 1887.［向坂逸郎訳『資本論』岩波書店，1969年］

Marx, K. and Engels, F. 1845-6: *The German Ideology*. English translation. New York: International Publishers, 1947.［花崎皋平訳『ドイツ・イデオロギー』合同出版，1966年］

Maskin, E. 1978: A theorem on utilitarianism. *Review of Economic Studies*, 45.

Matthews, R.C.O. 1981: Morality, competition and efficiency. *Manchester School*, 49.

Matthews, R.C.O. 1984: Darwinism and economic change. *Oxford Economic Papers*, 36.

Maynard Smith, J. 1982: *Evolution and the Theory of Games*. Cambridge: University Press.［寺本英・梯正之訳『進化とゲーム理論――闘争の論理』産業図書，1985年］

Meade, J.E. 1976: *The Just Economy*. London: Allen and Unwin.［柴田裕・植松忠博訳『公正な経済』ダイヤモンド社，1980年］

Mehran, F. 1976: Linear Measures of Economic Equality. *Econometrica*, 44.

Mill, J.S. 1859: *On Liberty*, Reprinted. Harmondsworth: Penguin, 1974.［塩尻公明・木村健康訳『自由論』岩波書店，1971年］

Mill, J.S. 1861: *Utilitarianism*, Reprinted. London: Collins/Fontana, 1962.［水田洋訳「功利主義」，務台理作他責任編集『世界の大思想２－６』河出書房，1967年］

Harmondsworth: Penguin.［加藤尚武監訳『倫理学――道徳を創造する』晢書房，1990年］

Mackie, J.L. 1986: The combination of partially-ordered preferences. In J.L. Mackie, *Persons and Values*. Oxford: Clarendon Press.

McLean, I. 1980: Liberty, equality and the Pareto principle. *Analysis*, 40.

McLellan, D. 1977: *Karl Marx: Selected Writings*. Oxford: University Press.

McMurrin, S. (ed.) 1980: *Tanner Lectures on Human Values*. vol. I. Cambridge: University Press.

McPherson, M.S. 1982: Mill's moral theory and the problem of preference change. *Ethics*, 92.

McPherson, M.S. 1984: Economics: on Hirschman, Schelling and Sen. *Partisan Review*, 41.

Majumdar, T. 1980: The rationality of changing choice. *Analyse und Kritik*, 2.

Majumdar, T. 1983: *Investment in Education and Social Choice*. Cambridge: University Press.

Mäler, K.-G. 1974: *Environmental Economics: A Theoretical Inquiry*. Baltimore: Johns Hopkins University Press.

Malinvaud, E. 1961: The analogy between atemporal and intertemporal theories of resource allocation. *Review of Economic Studies*, 28.

Marcus, R.B. 1980: Moral dilemmas and consistency. *Journal of Philosophy*, 77.

Marglin, S.A. 1963: The social rate of discount and the optimal rate of investment. *Quarterly Journal of Economics*, 77.

Margolis, H. 1982: *Selfishness, Altruism and Rationality*. Cambridge: University Press.

Margolis, J. and Guitton, H. (eds.) 1969: *Public Economics*. London: Macmillan.

Marx, K. 1843; *On the Jewish Question*. English translation in

public sector. *Journal of Public Economics*, 28.
Lindbeck, A. 1986: Stabilization policies in open economies with endogenous politicians. *American Economic Review*, 66.
Lipton, M. 1985: A problem in poverty measurement. *Mathematical Social Sciences*, 10.
Little, I.M.D. 1957: *A Critique of Welfare Economics*. 2nd edition. Oxford: Clarendon Press.
Loomes, G. and Sugden, R. 1982: Regret theory: an alternative theory of rational choice under uncertainty. *Economic Journal*, 92.
Luce, R.D. and Raiffa, H. 1957: *Games and Decisions*, New York: Wiley.
Lukes, S. 1985: *Marxism and Morality*. Oxford: Clarendon Press.
Lyons, D. 1982: Utility and rights. *Nomos*, 24.
Maasoumi, E. 1986: The measurement and decomposition of multi-dimensional inequality. *Econometrica*, 54.
McClennen, E.F. 1983: Sure—thing doubts. In Stigum and Wenstop (1983).
McCloskey, D.N. 1985: *The Rhetoric of Economics*. Madison: University of Wisconsin Press. ［長尾史郎訳『レトリカル・エコノミクス――経済学のポストモダン』ハーベスト社，1992年］
MacCrimmon, K.R. 1968: Descriptive and normative implications of decision theory postulates. In Borch and Mossin (1968).
McDowell, J. 1981: Noncognitivism and Rule-following. In S.H. Holtzman and C.M. Leich (eds.). *Wittgenstein: To Follow a Rule*. London: Routledge & Kegan Paul.
McDowell, J. 1985: Values and secondary qualities. In Honderich (1985).
Machina, M. 1981: 'Rational' Decision Making vs. 'Rational' Decision Modelling. *Journal of Mathematical Psychology*, 24.
McKenzie, L. 1959: On the Existence of General Equilibrium for a Competitive Market. *Econometrica*, 27.
Mackie, J.L. 1978: *Ethics: Inventing Right and Wrong*.

Kundu, A. and Smith, T.E. 1983: An impossibility theorem on poverty indices. *International Economic Review*, 24.

Kynch, J. and Sen, A. 1983: Indian women: well-being and survival. *Cambridge Journal of Economics*, 7.

Laffont, J.J. (ed.) 1979: *Aggregation and Revealed Preferences*. Amsterdam: North-Holland.

Lancaster, K.J. 1966: A new approach to consumer theory. *Journal of Political economy*, 74.

Lancaster, K.J. 1971: *Consumer Demand: A New Approach*. New York: Columbia University Press. [桑原秀史訳, 『消費者需要——新しいアプローチ』千倉書房, 1989年]

Latsis, S.J. (ed.) 1976: *Method and Appraisal in Economics*. Cambridge: University Press.

Lave, L.B. 1962: An empirical approach to the prisoner's dilemma game. *Quarterly Journal of Economics*, 76.

Le Breton, M., Trannoy, A. and Uriarte, J.R. 1985: Topological aggregation of inequality preorders. *Social Choice and Welfare*, 2.

Le Grand, J. 1984: Equity as an economic objective. *Journal of Applied Philosophy*, 1.

Leibenstein, H. 1976: *Beyond Economic Man*. Cambridge, Mass.: Harvard University Press.

Lemmon, E.J. 1962: Moral dilemmas. *Philosophical Review*, 71.

Levi, I. 1974: On indeterminate probabilities. *Journal of Philosophy*, 71.

Levi, I. 1982: Liberty and welfare. In Sen and Williams (1982).

Levi, I. 1986a: *Hard Choices*. Cambridge: University Press.

Levi, I. 1986b: The paradoxes of Allais and Ellsberg. *Economics and Philosophy*, 2.

Lewis, D. 1969: *Convention: A Philosophical Study*. Cambridge, Mass.: Harvard University Press.

Lindahl, L. 1977: *Position and Change*. Dordrecht: Reidel.

Lindbeck, A. 1985: Redistribution policies and the expansion of the

Theoria, 32.

Karni, E. 1978: Collective Rationality, Unanimity and Liberal Ethics. *Review of Economic Studies*, 45.

Keeney, R.L. and Raiffa, H. 1976: *Decisions with Multiple Objectives*. New York: Wiley. [高原康彦他訳『多目標問題解決の理論と実例』構造計画研究所, 1980年]

Kelly, J.S. 1976a: The impossibility of a just liberal. *Economica*, 43.

Kelly, J.S. 1976b: Rights-exercising and a Pareto-consistent libertarian claim. *Journal of Economic Theory*, 13.

Kelly, J.S. 1978: *Arrow impossibility Theorems*. New York: Academic Press.

Kelsey, D. 1985: The liberal paradox: a generalization. *Social Choice and Welfare*, 1.

Kern, L. 1978: Comparative distribution ethics: an extension of Sen's examination of the pure distribution problem. In Gottinger and Leinfellner (1978).

Kolm, S. Ch. 1969: The optimum production of social justice. In Margolis and Guitton (1969).

Kolm, S. Ch. 1976: Unequal inequalities. *Journal of Economic Theory*, 12.

Kornai, J. 1971: *Anti-Equilibrium*. Amsterdam: North-Holland. [岩城博司・岩城淳子訳『反均衡の経済学』日本経済新聞社, 1975年]

Kornai, J. 1985: *Contradictions and Dilemmas*. Cambridge, Mass.: MIT Press.

Korner, S. (ed.) 1974; *Practical Reason*. Oxford: Blackwell.

Kreps, D., Mitgrom, P. Roberts. J. and Wilson, R. 1982: Rational cooperation in finitely repeated prisoners dilemma. *Journal of Economic Theory*, 27.

Krishna Rao, MV. 1979: *Studies in Kautilya*. New Delhi: Munshiram Manoharlal.

Krüger, L. and Gaertner, W. 1983: Alternative libertarian claims and Sen's paradox. *Theory and Decision*, 15.

Jorgenson, D.W. and Slesnick, D.T. 1986: *Redistribution Policy and the Elimination of Poverty*. Discussion Paper, Harvard Institute for Economic Research.

Kahneman, D. and Tversky, A. 1979: Prospect Theory: An Analysis of Decisions under Risk. *Econometrica*, 47.

Kahneman, D., Slovik, P. and Tversky, A. 1982: *Judgment under Uncertainty: Heuristics and Biases*. Cambridge: University Press.

Kakwani, N. 1980a: On a Class of Poverty Measures. *Econometrica*, 48.

Kakwani, N. 1980b: *Income Inequality and Poverty*. New York: Oxford University Press.

Kakwani, N. 1981: Welfare measures: an international comparison. *Journal of Development Economics*, 8.

Kakwani, N. 1986: *Analysing Redistribution Policies*. Cambridge: University Press.

Kaldor, N. 1939: Welfare propositions in economics. *Economic Journal*, 49.

Kanbur, S.M. (Ravi) and Stromberg, J.O. 1986: Income transitions and income distribution dominance. *Journal of Economic Theory*.

Kaneko, M. 1984: On interpersonal utility comparisons. *Social Choice and Welfare*, 1.

Kanger, S. 1957: *New Foundations for Ethical Theory*, Part I, Stockholm.

Kanger, S. 1981: *Human Rights and Their Realization*. Uppsala: Department of Philosophy, University of Uppsala.

Kanger, S. 1972: Law and logic. *Theoria*, 38.

Kanger, S. 1976: *Choice Based on Preference*. Mimeographed, Uppsala University.

Kanger, S. 1985: On realization of human rights. *Acta Philosophica Fennica*, 38.

Kanger, S. and Kanger, H. 1966: Rights and parliamentarianism.

(1984).

Hollander, S. 1973: *The Economics of Adam Smith*. Toronto.

Hollis, M. 1979: Rational man and social science. In Harrison (1979).

Hollis, M. 1981: Economic man and the original sin. *Political Studies*, 29.

Hollis, M. and Nell, E.J. 1975: *Rational Economic Man*. Cambridge: University Press. [末永隆甫監訳『新古典派経済学批判』新評論, 1981年]

Honderich, T. (ed.) 1985: *Morality and Objectivity: A Tribute to J.L. Mackie*. London: Routledge & Kegan Paul.

Hurley, S.L. 1985a: Objectivity and Disagreements. In Honderich (1985).

Hurley, S.L. 1985b: Supervenience and the possibility of coherence. *Mind*, 94.

Hurwicz, L., Schmeidler, D. and Sonnenschein, H. (eds) 1985: *Social Goals and Social Organization: Essays in Memory of Elisha Pazner*. Cambridge: University Press.

Hylland, A. 1986: The purpose and significance of social choice theory: some general remarks and application to the 'Lady Chatterley' problem. In Elster and Hylland (1986).

James, S. 1982: The duty to relieve suffering. *Ethics*, 93.

Jeffrey, R.C. 1971: On Interpersonal Utility Theory. *Journal of Philosophy*, 68.

Jeffrey, R.C. 1974: Preferences among preferences. *Journal of Philosophy*, 71.

Jorgenson, D.W., Lau, L.J. and Stoker, T.M. 1980: Welfare comparison under exact aggregation. *American Economic Review*, 70.

Jorgenson, D.W. and Slesnick, D.T. 1984a: Inequality in the distribution of individual welfare. *Advances in Econometrics*, 3.

Jorgenson, D.W. and Slesnick, D.T. 1984b: Aggregate consumer behaviour and the measurement of inequality. *Review of Economic Studies*, 51.

訳『世界経済論』岩波書店，1964年］
Hicks, J.R. 1969: *A Theory of Economic History*. Oxford: Clarendon Press.［新保博・渡辺文夫訳『経済史の理論』講談社，1995年］
Hicks, J.R. 1974: Preference and Welfare. In Mitra (1974).
Hicks, J.R. 1981: *Wealth and Welfare*. Oxford: Blackwell.
Hicks, J.R. 1983: A discipline not a science. In J.R. Hicks (ed.) *Classics and Moderns*. Oxford: Blackwell.
Hindess, B. 1984: Rational choice theory and the analysis of political action. *Economy and Society*, 13.
Hirsch, F. 1977: *Social Limits to Growth*. London: Routledge.［都留重人監訳『成長の社会的限界』日本経済新聞社，1980年］
Hirshleifer, J. 1977: Economics from a Biological Viewpoint. *Journal of Law and Economics*, 20.
Hirshleifer, J. 1985: The expanding domain of economics. *American Economic Review*, 75.
Hirschman, A.O. 1970: *Exit, Voice and Loyalty*. Cambridge, Mass.: Harvard University Press.［矢野修一訳『離脱・発言・忠誠——企業・組織・国家における衰退への反応』ミネルヴァ書房，2005年］
Hirschman, A.O. 1977: *The Passions and the Interests: Political Arguments for Capitalism before Its Triumph*. Princeton: University Press.［佐々木毅・旦祐介訳『情念の政治経済学』法政大学出版局，1985年］
Hirschman, A.O. 1982: *Shifting Involvements*. Princeton: University Press.［佐々木毅・杉田敦訳『失望と参画の現象学——私的利益と公的行為』法政大学出版局，1988年］
Hirschman, A.O. 1984: Against parsimony: three easy ways of complicating some categories of economic discourse. *American Economic Review*, 74; shorter version of Hirschman (1985).
Hirschman, A.O. 1985: Against parsimony: three easy ways of complicating some categories of economic discourse. *Economics and Philosophy*, 1; the complete text shortened in Hirschman

Harsanyi, J.C. 1955: Cardinal welfare, individualistic ethics, and interpersonal comparisons of utility. *Journal of Political Economy*, 63.

Harsanyi, J.C. 1976: *Essays on Ethics, Social Behaviour and Scientific Explanation*. Dordrecht: Reidel.

Harsanyi, J.C. 1977: *Rational Behaviour and Bargaining Equilibrium in Games and Social Situations*. Cambridge: University Press.

Harsanyi, J.C. 1982: Morality and the theory of rational behaviour. In Sen and Williams (1982).

Harsanyi, J.C. 1983: Rule *Utilitarianism, Equality and Justice*. Working Paper CP-438, Center for Research in Management Science, University of California at Berkeley.

Hayek, F.A. 1960: *The Constitution of Liberty*. London: Routledge. [気賀健三・古賀勝次郎訳『自由の条件』(『ハイエク全集』第５～７巻), 春秋社, 1986～87年]

Hayek, F.A. 1967: *Studies in Philosophy, Politics and Economics*. London: Routledge.

Heller, W., Starr, R. and Starrett, D. (eds.) 1986: *Social choice and Public Decision Making: Essays in Honor of K.J. Arrow*, vol. I. Cambridge: University Press.

Helm, D. 1984: Predictions and causes: a comparison of Friedman and Hicks on methods. *Oxford Economic Papers*, 36.

Helm, D. 1985: *Enforced Maximization*, D. Phil. thesis; to be published by Clarendon Press, Oxford.

Helm, D. 1986: The Assessment: the economic boarders of the state. *Oxford Review of Economic Policy*, 2.

Herzberger, H. 1973: Ordinal preference and rational choice. *Econometrica*, 41.

Hicks, J.R. 1939: *Value and Capital*. Oxford: Clarendon Press. [安井琢磨・熊谷尚夫訳『価値と資本』岩波書店, 1951年]

Hicks, J.R. 1959: A Manifesto. In his *Essays in World Economics*. Oxford: Clarendon Press; reprinted in Hicks (1981). [大石泰彦

principle. In J. Cohen (ed.), *Proceedings of the 6th International Congress of Logic, Methodology and Philosophy of Science*. Dordrecht: Reidel.

Hammond, P.J. 1982: Utilitarianism, uncertainty and information. In Sen and Williams (1982).

Hammond, P.J. 1986: Consequentialist social norms for public decisions. In W. Heller. D. Starr and R. Starrett (1986).

Hampshire, S. 1982: Morality and convention. In Sen and Williams (1982).

Hansson, B. 1968: Choice structures and preference relations. *Synthese*, 18.

Hansson, B. 1977: The measurement of social inequality. In R. Butts and J. Hintikka (eds.) *Logic, Methodology and Philosophy of Science*. Dordrecht: Reidel.

Hardin, R. 1982: *Collective Action*. Baltimore, Md: Johns Hopkins University Press.

Hardin, R. 1985: Rational choice theories. Mimeographed; to be published in T. Ball (ed.), *Social and Political Inquiry*, forthcoming.

Hare, R.M. 1952: *The Language of Morals*. 2nd edition, 1961. Oxford: Clarendon Press. ［小泉仰・大久保正健訳『道徳の言語』勁草書房，1982年］

Hare, R.M. 1963: *Freedom and Reason*. Oxford: Clarendon Press. ［山内友三郎訳『自由と理性』理想社，1982年］

Hare, R.M. 1981: *Moral Thinking: its Levels, Methods and Point*. Oxford: Clarendon Press. ［内井惣七・山内友三郎監訳『道徳的に考えること——レベル・方法・要点』勁草書房，1994年］

Hare, R.M. 1982: Ethical theory and utilitarianism. In Sen and Williams (1982).

Harrison, R. (ed.) 1979: *Rational Action*. Cambridge: University Press.

Harrison, R. 1983: *Bentham*. London: Routledge.

Philosophie, 36.

Griffin, J. 1986: *Well-being*. Oxford: Clarendon Press.

Griffin, K. 1976: *Land Concentration and Rural Poverty*. London: Macmillan.

Grossbard, A. 1980: The economics of polygomy. In J. Simon and J. Davanzo (eds.), *Research in Population Economy*, vol. 2, Greenwich, Conn.: JAI Press.

Groves, T. and Ledyard, J. 1977: Optimal allocation of public goods: a solution to the 'free rider' problem. *Econometrica*, 45.

Guha, A.S. 1972: Neutrality, monotonicity and the right of veto. *Econometrica*, 40.

Guha, A.S. 1981: *An Evolutionary View of Economic Growth*. Oxford: Clarendon Press.

Hahn, F. 1982: On some difficulties of the utilitarian economist. In Sen and Williams (1982).

Hahn, F. and Hollis, M. (eds.) 1979: *Philosophy and Economic Theory*. Oxford: University Press.

Haksar, V. 1979: *Equality, Liberty and Perfectionism*. Oxford: Clarendon Press.

Hamada, K., and Takayama, N. 1978: Censored income distributions and the measurement of poverty. *Bulletin of International Statistical Institute*, 47.

Hammond, P.J. 1976a: Equity, Arrow's conditions, and Rawls' difference principle. *Econometrica*, 44.

Hammond, P.J. 1976b: Why ethical measures of inequality need interpersonal comparisons. *Theory and Decision*, 7.

Hammond, P.J. 1977: Dual interpersonal comparisons of utility and the welfare economics of income distribution. *Journal of Public Economics*, 6.

Hammond, P.J. 1978: Economic welfare with rank order price weighting. *Review of Economic Studies*, 45.

Hammond, P.J. 1981: Liberalism, independent rights and the Pareto

Gibbard, A. 1986: Interpersonal comparisons: preference, good, and the intrinsic reward of a life. In Elster and Hylland (1986).

Gilbert, M. 1983: Agreements, Conventions, and Language. *Synthese*.

Goodin, R.E. 1985: *Protecting the Vulnerable*. Chicago: University Press.

Goodin, R.E. 1986: Laundering Preferences. In Elster and Hylland (1986).

Gorman, W.M. 1955: The intransitivity of certain criteria, used in welfare economics. *Oxford Economic Papers*, 7.

Gorman, W.M. 1956: The demand for related goods. *Journal Paper J3129*, Iowa Experimental Station, Ames, IA.

Gorman, W.M. 1976: Tricks with utility function. In M.J. Artis and A.R. Nobay (eds.), *Essays in Economic Analysis*. Cambridge: University Press.

Gosling, J.C.B. 1969: *Pleasure and Desire*. Oxford: Clarendon Press.

Gottinger, H.W. and Leinfellner, W. (eds.) 1978: *Decision Theory and Social Ethics*. Dordrecht: Reidel.

Graaff, J. de v. 1957: *Theoretical Welfare Economics*. Cambridge: University Press. [南部鶴彦・前原金一訳『現代厚生経済学』創文社, 1973年]

Graaff, J. de v. 1977: Equity and efficiency as components of the general welfare. *South African Journal of Economics*, 45.

Graaff, J. de v. 1985: Normative measurement theory, to be published.

Grant, J.P. 1978: *Disparity Reduction Rates in Social Indicators*. Washington D.C.: Overseas Development Council.

Green, E.T. 1980: Libertarian aggregation of preferences: what the 'Coase theorem' might have said. Social Science Working Paper 315, California Institute of Technology.

Green, J. and Laffont, J-J. 1979: *Incentives in Public Decision Making*. Amsterdam: North-Holland.

Griffin, J. 1982: Modern utilitarianism. *Revue Internationale de*

年]
Frohlick, H. and Oppenheimer, J.A. 1984: Beyond economic man. *Journal of Conflict Resolution*, 28.
Gaertner, W. 1985: Justice—constrained libertarian claims and Pareto efficient collective decisions. *Erkenntnis*, 23.
Gaertner, W. 1986: Pareto, independent rights exercising and strategic behaviour. *Journal of Economics: Zeitschrift für Nationalökonomie*, 46.
Gaertner, W. and Krüger, L. 1981: Self-supporting preferences and individual rights: the possibility of Paretian liberalism. *Economica*, 48.
Gaertner, W. and Krüger, L. 1983: Alternative libertarian claims and Sen's paradox. *Theory and Decision*, 15.
Garcia, J.L.A. 1986: Evaluator relativity and the theory of value. *Mind*, 95.
Gardenfors, P. 1981: Rights, games and social choice. *Noûs*, 15.
Gardner, R. 1980: The strategic inconsistency of Paretian liberalism. *Public Choice*, 35.
Gauthier, D. 1986: *Morals by Agreement*. Oxford: Clarendon Press. [小林公訳『合意による道徳』木鐸社, 1999年]
George, D. 1984: Meta-Preferences: Reconsidering Contemporary Notions of Free Choice. In J.C. O'Brien, (ed.), *Festschrift in Honor of George F. Rohrlich*, Volume III. Bradford: MCB University Press.
Gevers, L. 1979: On interpersonal comparability and social welfare orderings. *Econometrica*, 47.
Gibbard, A. 1965: Rule utilitarianism: a merely illusory alternative? *Australasian Journal of Philosophy*, 43.
Gibbard, A. 1973: Manipulation of voting schemes: a general result. *Econometrica*, 41.
Gibbard, A. 1974: A Pareto-consistent libertarian claim. *Journal of Economic Theory*, 7.

Fishkin, J.S. 1983: *Justice, Equal Opportunity and the Family*. New Haven, Conn.: Yale University Press.

Fishkin, J.S. 1984: *Beyond Subjective Morality*. New Haven, Conn.: Yale University Press.

Fishlow, A. et al. (eds.) 1978: *Rich and Poor Nations in the World Economy*. New York: McGraw-Hill.

Foley, D. 1967: Resource allocation and the public sector. *Yale Economic Essays*, 7.

Foot, P. 1983: Moral realism and moral dilemma. *Journal of Philosophy*, 80.

Foot, P. 1985: Utilitarianism and the virtues. *Mind*, 94.

Foster, J. 1984: On economic poverty: a survey of aggregate measures. *Advances in Econometrics*, 3.

Foster, J. 1986: Inequality measurement. In Young (1986).

Foster, J., Greer, J. and Thorbecke, E. 1984: A class of decomposable poverty measures. *Econometrica*, 52.

Fountain, J. 1980: Bowley's analysis of bilateral monopoly and Sen's liberal paradox in collective choice theory: a note. *Quarterly Journal of Economics*, 94.

Frank, R.H. 1985: *Choosing the Right Pond*. New York: Oxford University Press.

Frankfurt, H. 1971: Freedom of the will and the concept of a person. *Journal of Philosophy*, 68.

Frey, B.S. 1983: *Democratic Economic Policy*. Oxford: Martin Robertson.

Fried, C. 1978: *Right and Wrong*. Cambridge, Mass.: Harvard University Press.

Friedman, M. 1953: *Essays in Positive Economics*. Chicago: University Press. ［佐藤隆三・長谷川啓之訳『実証的経済学の方法と展開』富士書房，1977年］

Friedman, M. and Friedman, R. 1980: *Free to Choose*. London: Secker & Warburg. ［西山千明訳『選択の自由』日本経済新聞社，1980

of Economic Studies, 43.

Feinberg, J. 1980: *Rights, Justice, and the Bounds of Liberty*. Princeton: University Press.

Feldman. A. 1980: *Welfare Economics and Social Choice Theory*. Boston: Martinus Nijhoff.［飯島大邦・川島康男・福住多一訳『厚生経済学と社会選択論』シーエーピー出版，2009年（原著第２版からの訳出）］

Feldman, A. and Kirman. A. 1974: Fairness and envy. *American Economic Review*, 64.

Ferejohn, J.A. 1978: The distribution of rights in society. In Gottinger and Leinfellner（1978）.

Fields. G.S. 1980: *Poverty, Inequality, and Development*. Cambridge: University Press.

Fields, G.S. and Fei, J.C.H. 1978: On inequality comparisons. *Econometrica*, 46.

Fine, B.J. 1975a: A note on 'Interpersonal Aggregation and Partial Comparability'. *Econometrica*, 43.

Fine, B.J. 1975b: Individual liberalism in a Paretian society. *Journal of Political Economy*, 83.

Finnis. J. 1983: *Fundamentals of Ethics*. Oxford: Clarendon Press.

Fishburn, P.C. 1973: *The Theory of Social Choice*. Princeton: University Press.

Fishburn, P.C. 1974: Choice functions on finite sets. *International Economic Review*, 15.

Fisher, F.M. 1956: Income distribution, value judgments and welfare. *Quarterly Journal of Economics*, 70.

Fisher, F.M. and Rothenberg, J. 1961: How income ought to be distributed: paradox lost. *Journal of Political Economy*, 69.

Fishkin, J.S. 1979: *Tyranny and Legitimacy*. Baltimore, Md.: Johns Hopkins University Press.

Fishkin, J.S. 1982: *The Limits of Obligation*. New Haven, Conn.: Yale University Press.

Industrial Success. The McCallum Lecture, Pembroke College, Oxford.

Douglas, J. 1983: *Why Charity? The Case for a Third Sector*. London: Sage.

Dummett, M. 1984: *Voting Procedures*. Oxford: Clarendon Press.

Dutta, B. 1978: On the Measurement of Poverty in Rural India. *Indian Economic Review*, 13.

Dutta, B. 1980: Intersectoral disparities and income distribution in India: 1960-61 to 1973-74. *Indian Economic Review*, 15.

Dworkin, R. 1978: *Taking Rights Seriously*, 2nd edition. London: Duckworth. [木下毅・小林公・野坂泰司訳『権利論』木鐸社, 2003年]

Dworkin, R. 1981: What is equality? Part 1: Equality of Welfare, and What is Equality? Part 2: Equality of Resources. *Philosophy and Public Affairs*, 10.

Dyke, C. 1981: *Philosophy of Economics*. Englewood Cliffs, N.J.: Prentice-Hall.

Ebert, U. 1985: *Measurement of Inequality: An Attempt at Unification and Generalization*. Discussion Paper A-23, University of Bonn.

Edgeworth, F. 1881: *Mathematical Psychics: An Essay on the Application of Mathematics to the Moral Sciences*. London: Kegan Paul.

Eichhorn, W. and Gehrig, W. 1982: Measurement of inequality in economics. In B. Korte (ed.), *Modern Applied Mathematics: Optimization and Operations Research*. Amsterdam: North-Holland.

Elster, J. 1978: *Logic and Society*. New York: Wiley.

Elster, J. 1979: *Ulysses and the Sirens*. Cambridge: University Press.

Elster, J. 1983: *Sour Grapes*. Cambridge: University Press.

Elster, J. 1985: *Making Sense of Marx*. Cambridge: University Press.

Elster, J. and Hylland, A. (eds.) 1986: *Foundations of Social Choice Theory*. Cambridge: University Press.

Farrell, M.J. 1976: Liberalism in the theory of social choice. *Review*

Hurwicz, Schmeidler and Sonnenschein (1985).

d'Aspremont, C. and Gevers, L. 1977: Equity and informational basis of collective choice. *Review of Economic Studies*, 44.

Davidson, D. 1985a: *Essays on Actions and Events*. Oxford: Clarendon Press. [服部裕幸・柴田正良訳『行為と出来事』勁草書房, 1990年]

Davidson, D. 1985b: A new basis for decision theory. *Theory and Decision*, 18; also in Daboni, Montesano and Lines (1986).

Davidson, D. 1986: Judging interpersonal interests. In Elster and Hylland (1986).

Davidson, D., Suppes, P. and Siegel, S. 1957: *Decision Making: An Experimental Approach*. Stanford: University Press.

Dawkins, R. 1976: *The Selfish Gene*. Oxford: Clarendon Press. [日高敏隆他訳『利己的な遺伝子』紀伊國屋書店, 1991年]

Dawkins, R. 1982: *The Extended Phenotype*. Oxford: Clarendon Press. [日高敏隆他訳『延長された表現型――自然淘汰の単位としての遺伝子』紀伊國屋書店, 1987年]

Deaton, A. and Muellbauer, J. 1980: *Economics and Consumer Behaviour*. Cambridge: University Press.

Debreu, G. 1959: *Theory of Value*. New York: Wiley. [丸山徹訳『価値の理論――経済均衡の公理的分析』東洋経済新報社, 1977年]

Deschamps, R. and Gevers, L. 1978: Leximin and utilitarianrules: a joint characterisation. *Journal of Economic Theory*, 17.

Diwan, R. and Lutz, M. 1985: *Essays in Gandhian Economics*. New Delhi: Gandhi Peace Foundation.

Doel, H. van den 1979: *Democracy and Welfare Economics*. Cambridge: University Press.

Donaldson, D. and Weymark, J. 1986: Properties of fixed-population poverty indices. *International Economic Review*, 27.

Dore, R. 1983: Goodwill and the spirit of market capitalism. *British Journal of Sociology*, 34.

Dore, R. 1984: *Authority and Benevolence: The Confucian Recipe for*

Economic Theory, 31.

Chipman, J.S., Hurwicz, L., Richter, M.K. and Sonnenschein, H.F. 1971: *Preferences, Utility and Demand*. New York: Harcourt.

Clark, S., Hemming, R. and Ulph, D. 1981: On indices for the measurement of poverty. *Economic Journal*, 91.

Cohen, G.A. 1978: *Karl Marx's Theory of History: A Defence*. Oxford: Clarendon Press.

Collard, D. 1975: Edgeworth's propositions on altruism. *Economic Journal*, 85.

Collard, D. 1978: *Altruism and Economy*. Oxford: Martin Robertson.

Cowell, F.A. 1977: *Measuring Inequality*. New York: Wiley.

Daboni, L., Montesano, A. and Lines, M. (eds.) 1986: *Recent Developments in the Foundations of Utility and Risk Theory*. Dordrecht: Reidel.

Dalton, H. 1920: The measurement of inequality of incomes. *Economic Journal*, 30.

Daniels, N., (ed.) 1975: *Reading Rawls*. Oxford: Blackwell.

Dasgupta, A.K. 1985: *Epochs of Economic Theory*. Oxford: Blackwell.

Dasgupta, P. 1982a: *The Control of Resources*. Oxford: Blackwell.

Dasgupta, P. 1982b: Utilitarianism, information and rights. In Sen and Williams (1982).

Dasgupta, P. 1986: Positive freedom, markets and the welfare state. *Oxford Review of Economic Policy*, 2.

Dasgupta, P. and Heal, G. 1979: *Economic Theory and Exhaustible Resources*. London: James Nisbet, and Cambridge: University Press.

Dasgupta, P., Hammond, P. and Maskin, E. 1979: The implementation of social choice rules: some general results on incentive compatibility. *Review of Economic Studies*, 46.

Dasgupta, P., Sen, A. and Starrett, D. 1973: Notes on the measurement of inequality. *Journal of Economic Theory*, 6.

d'Aspremont, C. 1985: Axioms for social welfare orderings. In

Papers, 30.

Broome, J. 1984: Uncertainty and fairness. *Economic Journal*, 94.

Brown, D.J. 1975: Aggregation of preferences. *Quarterly Journal of Economics*, 89.

Buchanan, A.E. 1982: *Marx and Justice: The Radical Critique of Liberalism*. London: Methuen.

Buchanan, J.M. 1975: *The Limits of Liberty*. Chicago: University Press. ［加藤寛監訳／黒川和美他訳『自由の限界——人間と制度の経済学』秀潤社，1977年］

Buchanan, J.M. 1986: *Liberty, Market and the State*. Brighton: Wheatsheaf Books.

Buchanan, J.M. and Tullock, G. 1962: *The Calculus of Consent*. Ann Arbor: University of Michigan Press. ［宇田川璋仁監訳／米原淳七郎他訳『公共選択の理論——合意の経済論理』東洋経済新報社，1979年］

Calabresi, G. and Bobbitt, P. 1978: *Tragic Choices*. New York: Norton.

Campbell, D.E. 1976: Democratic preference functions. *Journal of Economic Theory*, 12.

Campbell, R. and Sowden, L. 1985: *Paradoxes of Rationality and Cooperation*. Vancouver: UBC Press.

Chakravarty, S.R. 1983a: Ethically flexible measures of poverty. *Canadian Journal of Economics*, 16.

Chakravarty, S.R. 1983b: Measures of poverty based on the representative income gap. *Sankhyā* 45.

Chakravarty, Sukhamoy 1969: *Capital and Development Planning*. Cambridge, Mass.: MIT Press.

Chapman, B. 1983: Rights as constraints: Nozick versus Sen. *Theory and Decision*, 15.

Chichilnisky, G. 1980: Basic needs and global models: resources, trade and distribution. *Alternatives*, 6.

Chichilnisky, G. and Heal, G. 1983: Necessary and sufficient conditions for a resolution of the social choice paradox. *Journal of*

Economic Studies, 42.

Blau, J.H. 1976: Neutrality, monotonicity and the right of veto: a comment. *Econometrica*, 44.

Blaug, M. 1980: *The Methodology of Economics*. Cambridge: University Press.

Boadway, R.W. and Bruce, N. 1984: *Welfare Economics*. Oxford: Blackwell.

Bohm, P. and Kneese, A.V., (eds.) 1971. *The Economics of Environment*. London: Macmillan.

Borch, K. and Mossin, J. 1968: *Risk and Uncertainty*. London: Macmillan.

Bose, A. 1975: *Marxian and Post-Marxian Political Economy*. Harmondsworth: Penguin Books.

Bourguignon, F. 1979: Decomposable income inequality measures. *Econometrica*, 47.

Brams, S.J. 1975: *Game Theory and Politics*. New York: Free Press.

Brenkert, G.G. 1983: *Marx's Ethics of Freedom*. London: Routledge and Kegan Paul.

Brennan, G. and Lomasky, L. 1985: The impartial spectator goes to Washington: Toward a Smithian theory of electoral behavior. *Economics and Philosophy*, 1.

Breyer, F. 1977: The liberal paradox, decisiveness over issues, and domain restrictions. *Zeitschrift für Nationalökonomie*, 37.

Breyer, F. and Gardner, R. 1980: Liberal paradox, game equilibrium, and Gibbard optimum. *Public Choice*, 35.

Breyer. F. and Gigliotti, G.A. 1980: Empathy and respect for the rights of others. *Zeitschrift für Nationalökonomie*, 40.

Brittan, S. 1983: *The Role and Limits of Government: Essays in Political Economy*. London: Temple Smith.

Broder, I.E. and Morris, C.T. 1982: Socially weighted real income comparisons: an application to India. *World Development*.

Broome, J. 1978: Choice and value in economics. *Oxford Economic*

Bernholz, P. 1974: Is a Paretian liberal really impossible? *Public Choice*, 19.

Bernholz, P. 1980: A general social dilemma: profitable exchange and intransitive group preferences. *Zeitschrift für Nationalökonomie*, 40.

Bezembinder, Th. and van Acker, P. 1986: Factual versus representational Utilities and Their Interdimensional Comparison, mimeographed, Catholic University, Nijmegen.

Bhattacharya, N. and Chatterjee, G.S. 1977: A further note on between state variations in levels of living in India, mimeographed, Forthcoming in Srinivasan and Bardhan (1986).

Bigman, D. 1986: *On the Measurement of Poverty and Deprivation*, mimeographed, Hebrew University of Jerusalem.

Binmore, K. 1984: *Game Theory*. To be published. London: School of Economics.

Blackorby, C. 1975: Degrees of cardinality and aggregate partial orderings. *Econometrica*, 43.

Blackorby, C. and Donaldson, D. 1977: Utility versus equity: some plausible quasi-orderings. *Journal of Public Economics*, 7.

Blackorby, C. and Donaldson, D. 1978: Measures of relative equality and their meaning in terms of social welfare. *Journal of Economic Theory*, 18.

Blackorby, C. and Donaldson, D. 1980: Ethical indices for the measurement of poverty. *Econometrica*, 48.

Blackorby, C. and Donaldson, D. 1984: Ethically significant ordinal indexes of relative inequality. *Advances in Econometrics*, 3.

Blackorby, C., Donaldson, D. and Weymark, J. 1984: Social choice with interpersonal utility comparisons: a diagrammatic introduction. *International Economic Review*, 25.

Blair, D.H. and Pollak, R.A. 1983: Rational collective choice. *Scientific American*, 249 (April).

Blau, J.H. 1975: Liberal values and independence. *Review of*

Party: Liberalism, Pareto Optimality, and the Problem of Objectionable Preferences. In Elster and Hylland (1986).
Basu, K. 1977: Information and strategy in iterated prisoner's dilemma. *Theory and Decision*, 8.
Basu, K. 1979: *Revealed preference of Government*. Cambridge: University Press.
Basu, K. 1984: The right to give up rights. *Economica*, 51.
Batra, R. and Pattanaik, P.K. 1972: On some suggestions for having non-binary social choice functions. *Theory and Decision*, 3.
Baumol, W.J. 1952: *Welfare Economics and the Theory of the State*. Cambridge, Mass.: Harvard University Press; 2nd edition, 1966.
Becker, G.S. 1976: *The Economic Approach to Human Behaviour*. Chicago: University Press. ［宮沢健一・清水啓典訳『経済理論——人間行動へのシカゴ・アプローチ』東洋経済新報社，1976年］
Becker, G.S. 1981: *A Treatise on the Family*. Cambridge, Mass.: Harvard University Press.
Becker, G.S. 1983: A theory of competition among pressure groups for political influence. *Quarterly Journal of Economics*, 98.
Bell, D.E. 1982: Regret in decision making under uncertainty. *Operations Research*, 30.
Bell, D. and Kristol, I. 1981: *The Crisis in Economic Theory*. New York: Basic Books. ［中村達也・柿原和夫訳『新しい経済学を求めて』日本経済新聞社，1985年］
Bentzel, R. 1970: The Social Significance of Income Distribution Statistics. *Review of Income and Wealth*, 16.
Bergson, A. 1938: A reformulation of certain aspects of welfare economics, *Quarterly Journal of Economics*, 52.
Bergstrom, T. 1970: A 'Scandinavian consensus' solution for efficient income distribution among nonmalevolent consumers. *Journal of Economic Theory*, 2.
Berlin, I. 1978: *Concepts and Categories*. Oxford: University Press.

年]
Atkinson, A.B. 1970: On the measurement of inequality. *Journal of Economic Theory*, 2 (reprinted in Atkinson 1983).
Atkinson, A.B. 1975: *The Economics of Inequality*. Oxford: Clarendon Press. [佐藤隆三・高川清明訳『不平等の経済学』時潮社, 1981年]
Atkinson, A.B. 1983: *Social Justice and Public Policy*. Brighton: Wheatsheaf; and Cambridge, Mass.: MIT Press.
Atkinson, A.B. and Bourguignon, F. 1982: The comparison of multidimensional distributions of economic status. *Review of Economic Studies*, 49.
Aumann, R.J. and Kurz, M. 1977: Power and taxes. *Econometrica*, 45.
Austen-Smith, D. 1979: Fair rights. *Economics Letters*, 4.
Austen-Smith, D. 1982: Restricted Pareto and rights. *Journal of Economic Theory*, 26.
Axelrod, R. 1981: The Emergence of Cooperation among Egoists. *American Political Science Review*, 75.
Axelrod, R. 1984: *The Evolution of Cooperation*. New York: Academic Press. [松田裕之訳『つきあい方の科学——バクテリアから国際関係まで』ミネルヴァ書房, 1998年]
Bacharach, M. 1985: *A Theory of Rational Decisions in Games*, mimeographed, Christ Church, Oxford.
Baier, K. 1977: Rationality and morality. *Erkenntnis*, 11.
Baigent, N. 1980: Social choice correspondences. *Recherches Économiques de Louvain*, 46.
Bardhan, P. 1984: *Land, labour and rural poverty*. New York: Columbia University Press.
Barker, E. 1958: *The Politics of Aristotle*. London: Oxford University Press.
Barnes, J. 1980: Freedom, rationality and paradox. *Canadian Journal of Philosophy*, 10.
Barry, B. 1986: Lady Chatterley's Lover and Doctor Fischer's Bomb

Oxford University Press.
Archibald, G.C. and Donaldson, D. 1976: Non-paternalism and the basic theorems of welfare economics. *Canadian Journal of Economics*, 9.
Archibald, G.C. and Donaldson, D. 1979: Notes on economic inequality. *Journal of Public Economics*, 12.
Aristotle, *The Nicomachean Ethics*; English translation, Ross (1980). ［高田三郎訳『ニコマコス倫理学』（全２冊），岩波書店，1971〜73年］
Aristotle, *Politics*; English translation, Barker (1958). ［山本光雄訳『政治学』岩波書店，1961年］
Arrow, K.J. 1951a: *Social Choice and individual Values*. New York.
Arrow, K.J. 1951b: An extension of the basic theorems of classic welfare economics. In J. Neyman (ed.), *Proceedings of the Second Berkeley Symposium of Mathematical Statistics*. Berkeley, Calif.: University of California Press.
Arrow, K.J. 1959: Rational choice functions and orderings. *Economica*, 26.
Arrow, K.J. 1963: *Social Choice and Individual Values*. 2nd (extended) edition, New York: Wiley. ［長名寛明訳『社会的選択と個人的評価』日本経済新聞社，1977年］
Arrow, K.J. 1973: Some ordinalist-utilitarian notes on Rawls's theory of justice. *Journal of Philosophy*, 70.
Arrow, K.J. 1977: Extended sympathy and the possibility of social choice. *American Economic Review*, 67.
Arrow, K.J. 1982: Risk perception in psychology and economics. *Economic Inquiry*, 20.
Arrow, K.J. 1983: Behaviour under uncertainty and its implications for policy. In Stigum and Wenstop (1983).
Arrow, K.J. and Hahn, F.H. 1971: *General Competitive Analysis*. San Francisco: Holden-Day; republished, Amsterdam: North-Holland, 1979. ［福岡正夫・川又邦雄訳『一般均衡分析』岩波書店，1976

参考文献

Ackerman, B.A. 1980: *Social Justice in the Liberal State*. New Haven, Conn.: Yale University Press.

Adelman, I. 1975: Development economics—a reassessment of goals. *American Economic Review*, 65.

Ahluwalia, M.S. 1978: Rural poverty and agricultural performance in India. *Journal of Development Studies*, 14.

Aigner, D.J. and Heins, A.J. 1967: A social welfare view of the measurement of income inequality. *Review of Income and Wealth*, 13.

Aizerman, M.A. 1985: New problems in the general choice theory: review of a research trend. *Social Choice and Welfare*, 2.

Akerlof, G.A. 1983: Loyalty Filters. *American Economic Review*, 73.

Akerlof, G.A. 1984: *An Economic Theorist's Book of Tales*. Cambridge: University Press. ［幸村千佳良・井上桃子訳『ある理論経済学者のお話の本』ハーベスト社，1995年］

Akerlof, G.A. and Dickens, W.T. 1982: The economic consequences of cognitive dissonance. *American Economic Review*, 72.

Aldrich, J. 1977: The dilemma of a Paretian liberal: some Consequences of Sen's theorem. *Public Choice*, 30.

Allais, M. 1953: Le Comportement de l'Homme Rationnel devant le Risque: Critique des Postulats et Axiomes de l'École Américaine. *Econometrica*, 21.

Allais, M. and Hagen, O. (eds.) 1979: *Expected Utility Hypotheses and the Allais Paradox*. Dordrecht: Reidel.

Anand, S. 1977: Aspects of poverty in Malaysia. *Review of Income and Wealth*, 23.

Anand, S. 1983: *Inequality and Poverty in Malaysia*. New York:

ヤ　行

ラ　行

ワ　行

サ　行

タ　行

ナ　行

ハ　行

マ　行

索　引

（「人名・用語解説」で扱った語句は、当該ページを太字で示した）

本書は、二〇〇二年五月、麗澤大学出版会より『経済学の再生——道徳哲学への回帰』として刊行された。文庫化に際しては、新たに索引を追加し、タイトルを改めた。

有閑階級の理論［新版］
ソースタイン・ヴェブレン
村井章子訳
流行の衣服も娯楽も教養も「見せびらかし」にすぎない。野蛮時代に生じたこの衒示的消費の習慣はどう進化したか。ガルブレイスの解説を付す新訳版。

資本論に学ぶ
宇野弘蔵
マルクスをいかに読み、そこから何を考えるべきか。『資本論』を批判的に継承し独自の理論を構築した泰斗がその精髄を平明に説き明かす。（白井聡）

社会科学としての経済学
宇野弘蔵
資本主義の原理は、イデオロギーではなく科学的態度によってのみ解明できる。マルクスの可能性を極限まで突き詰めた宇野理論の全貌。（大黒弘慈）

ノーベル賞で読む現代経済学
トーマス・カリアー
小坂恵理訳
経済学は世界をどう変えてきたか。ノーベル経済学賞全受賞者を取り上げ、その功績や影響から現代経済学の流れを一望する画期的試み。（瀧澤弘和）

クルーグマン教授の経済入門
ポール・クルーグマン
山形浩生訳
経済にとって本当に大事な問題って何？　実は、生産性・所得分配・失業の3つだけ⁉　楽しく読めてきちんと分かる、経済テキスト決定版！

自己組織化の経済学
ポール・クルーグマン
北村行伸／妹尾美起訳
複雑かつ自己組織化している経済というシステムに、複雑系の概念を応用すると何が見えるのか。不況発生の謎は解ける？　経済学に新地平を開く意欲作。

比較歴史制度分析（上）
アブナー・グライフ
岡崎哲二／神取道宏監訳
中世後期は商業的統合と市場拡大が進展した時代と言われる。ゲーム理論に基づく制度分析を駆使して、政体や経済の動態的変化に迫った画期的名著。

比較歴史制度分析（下）
アブナー・グライフ
岡崎哲二／神取道宏監訳
中世政治経済史の理論的研究から浮き上がる制度の適用可能性とは。本書は、その後のヨーロッパの発展と内部に生じた差異について展望を与える。

企業・市場・法
ロナルド・H・コース
宮澤健一／後藤晃／藤垣芳文訳
「社会的費用の問題」「企業の本質」など、20世紀経済学に決定的な影響を与えた数々の名論文を収録。ノーベル賞経済学者による記念碑的著作。

ちくま学芸文庫

アマルティア・セン講義《こうぎ》　経済学《けいざいがく》と倫理《りんり》学《がく》

二〇一六年十二月　十　日　第一刷発行
二〇二三年十二月二十五日　第五刷発行

著　者　アマルティア・セン
訳　者　徳永澄憲（とくなが・すみのり）
松本保美（まつもと・やすみ）
青山治城（あおやま・はるき）
発行者　喜入冬子
発行所　株式会社　筑摩書房
東京都台東区蔵前二―五―三　〒一一一―八七五五
電話番号　〇三―五六八七―二六〇一（代表）
装幀者　安野光雅
印刷所　星野精版印刷株式会社
製本所　加藤製本株式会社

ISBN978-4-480-09744-6 C0133